U0535810

华石商

企哲学

书系题字 | 吴寿良
广东省书画家协会副主席
广东书画研究会副会长

HUAWEI

以客户为中心,以奋斗者为本,长期坚持艰苦奋斗。这就是华为超越竞争对手的全部秘密,这就是华为由胜利走向更大胜利的"三个根本保障"。

——任正非

华为 商业哲学书系 ③

程东升 徐晓良 段传敏 | 联合主编

HUAWEI
BUSINESS PHILOSOPHY

余铭一 ◎ 著

价值共生

任正非领导哲学

中国经济出版社
CHINA ECONOMIC PUBLISHING HOUSE
北京

图书在版编目（CIP）数据

价值共生 / 余铭一著. -- 北京：中国经济出版社，2024.1

（商业哲学书系）

ISBN 978-7-5136-7521-5

Ⅰ.①价… Ⅱ.①余… Ⅲ.①企业管理－经验－中国 Ⅳ.① F279.23

中国国家版本馆 CIP 数据核字（2023）第 194003 号

策划编辑	崔姜薇
责任编辑	贾轶杰
责任印制	马小宾
封面设计	久品轩
本书插画	王晓晴　关振旋

出版发行	中国经济出版社
印 刷 者	北京富泰印刷有限责任公司
经 销 者	各地新华书店
开　　本	710mm×1000mm　1/16
插页印张	1.25
印　　张	16.5
字　　数	187 千字
版　　次	2024 年 1 月第 1 版
印　　次	2024 年 1 月第 1 次
定　　价	78.00 元

广告经营许可证　京西工商广字第 8179 号

中国经济出版社 网址 www.economyph.com 社址 北京市东城区安定门外大街 58 号 邮编 100011

本版图书如存在印装质量问题，请与本社销售中心联系调换（联系电话：010-57512564）

版权所有　盗版必究（举报电话：010-57512600）

国家版权局反盗版举报中心（举报电话：12390　　服务热线：010-57512564）

华为"商业哲学书系"主编简介

程东升

知名财经作家,华为研究专家,广州市博研慈善促进会理事,法国克莱蒙商学院工商管理博士(在读),已出版《华为真相》《华为三十年》《任正非管理日志》等多部畅销书。多家大型企业战略与品牌顾问,曾协助多家企业打造"奋斗者团队"。

徐晓良

博研教育创始人、董事长,博研商学院院长,全球博研同学会理事长,广东省工商联执委,广东省山东青岛商会会长,中国科学院科创型企业家培育计划发起人,国家文化科技创新服务联盟主任。曾任中山大学 EMBA 中心主任。

段传敏

战略营销观察家,财经作家,高端中国营销创新联盟执行主席。CCTV《大国品牌》栏目顾问,喜临门、华耐家居等企业战略营销顾问。

各界知名人士盛赞推荐

知名学者

郑晓明
清华大学经济管理学院领导力与组织管理系长聘教授（终身正教授）、博士生导师，中国工商管理案例中心主任

祝贺东升及团队策划、编写的华为"商业哲学书系"出版！相信这套书对中国企业界意义重大。

理查德·索帕诺（Richard Soparnot）
法国克莱蒙商学院校长

作为一名战略管理学教授，我在遥远的法国早已听说来自中国的华为公司及其创始人任正非先生。以华为公司为代表的中国公司已经崛起，并正在影响着世界产业格局。
这套书将给我在法国乃至世界研究包括华为在内的企业的战略管理提供重要资料。

周建波
北京大学经济学院经济史系主任、教授

华为商业哲学及其成功实践是广大中国企业家学习的绝佳内容，相信本书系会对中国企业家具有一定的借鉴价值。

刘善仕

华南理工大学工商学院教授，广东省人才开发与管理研究会会长

商业哲学需要平衡商业组织的终极目标：商业利益与社会责任。"利"可以让企业走得快，"义"可以让企业走得远，华为在平衡"利"和"义"的过程中，走出了一条有中国特色的道路。

杨思卓

联合国可持续发展贡献奖获得者、中商国际管理研究院院长，博士生导师

商海航行，需要商业哲学的灯塔。
我与任正非先生只有一次当面谈话，一直对他钦佩有加。他的管理思想、领导艺术和商业哲学都是值得总结和提炼的金矿。华为"商业哲学书系"的出版，是做了一件有难度，更有价值的好事，可以说，弥补了中国当代商业哲学的空白。

邹广文

清华大学教授，中国辩证唯物主义研究会副会长

本书系系统梳理了中国优秀企业家任正非的商业管理思想，对于提升中国企业对世界的影响力、生动展示当代中国改革开放的巨大成就，必将起到积极的作用。

苏德超
武汉大学哲学系教授

华为是一家让人肃然起敬的企业，任正非是一位让人肃然起敬的企业家。华为哲学倡导的核心价值观——服务客户、相信奋斗、着眼长远、自我批判，不但是成功的企业经营之道，稍加变通，也是成熟的为人处世之道。学习华为是时代的期许，开卷有益是读者的期望。

晋琳琳
广东工业大学管理学院

相信本书系是打开任正非所领导的华为成功之道的一把金钥匙。

任巍
广东财经大学教授，工商管理学院前院长，人力资源学院前执行院长

华为"商业哲学书系"的出版，是一项具有创新性的工作。华为具有非常多值得学习和研究的地方，用几个词概括就是：自主创新、艰苦奋斗；责任担当，不惧挑战；不忘初心，雄才大略。

知名企业家

范厚华
深圳传世智慧科技有限公司创始人、总裁，华为前海外区域副总裁

我在华为任职17年，从一线销售人员到代表处代表，到海外区域副总裁，见证了华为的迅速崛起及其取得的辉煌成就。很多专业人士试图探究华为成功的原因，我认为本源就在于任正非先生的管理哲学思想。相信读者在华为"商业哲学书系"的加持下，一定能在企业治理之路上突破认知、扩大格局，带领企业走向巅峰。

田和喜
广州道成咨询集团创始人，阿米巴经营本土化奠基人、权威专家

华为"商业哲学书系"是东升兄及其团队研究华为20余年的心血之作，大家先读厚，再读薄，结合自身商业实战，回归原点，定能取到真经；相信华为商业哲学，定能助力更多优秀中国企业走向世界。

殷祖碧
铸源集团营销副总裁、有趣世界龙焱系统创始人、湖北军昊文旅发展集团董事长

程老师及其团队耗时四年多创作的这套书，系统总结了华为的底层逻辑、价值观和方法论。在我看来，这是学习华为的非常好、非常系统的工具。华为商业哲学具有一定的普适性，可以为很多中国企业学习。

盛华强
中国户外知名品牌探路者创始人

对于任正非的研究不应当停留在企业管理层面，而应当看到支撑他成就世界级卓越企业背后的宏阔世界观、基于人类整体的价值观，以及对人性深刻洞察的哲学。

今天，在全球经济放缓的背景之下，全方位挖掘、理解华为商业哲学，对个人和中国社会的发展都具有非常重要的现实意义。

吴振山
创信国际控股集团公司董事会主席

这套书不仅有助于读者解读华为的成功密码，而且可以帮助以华为为标杆的企业进行更精确的对标。

任旭阳
真知资本（Verity Ventures）创始人、董事长，百度公司首席顾问

长期成功的企业都有一套独特的商业哲学。作为具有全球影响力的中国公司，华为的成功源于创始人任正非卓尔不凡的商业思想和经营哲学，以及对其的长期实践、坚持和不断进化，这构成了独特的华为文化和管理模式。研究、总结和学习华为商业哲学对中国企业界和管理学界都具有非常重要的意义。

姚吉庆

慕思健康睡眠股份有限公司副董事长、总裁

本书系的研究方法很独特，用了时下流行的萃取技术；研究角度也很独特，回答了企业界比较关注的问题：学华为应该学什么？华为的成功能不能复制？如何复制？华为成功的本质是任正非的经营哲学及华为的组织能力建设。本书所萃取的哲学思想、观点和方法论对中国企业有重要的借鉴价值和指导意义。

许临峰

首任华为终端2C营销变革项目负责人、区域首席营销官，华珞咨询创始人&CEO

2022年8月24日，任正非在华为心声社区发布了一篇文章，强调活下来将作为公司的主要纲领，华为进入新一轮冬天。为什么会有这样的判断和思考？从东升及其同事策划、主编的这套书中可以学习任正非的世界观和方法论。

楼仲平

双童创业共享平台创始人，《鸡毛飞上天》原型人物之一，全球吸管行业冠军

在我30年制造业经营实践中，华为在管理上对我的影响几乎是天花板般的存在，任正非的胸怀与格局，以及华为哲学所倡导的奋斗者精神、认识自我的观念、向死而生的危机观、科学管理和绩效、用人哲学、分钱和分权的智慧等，都持续影响我将学习成果转化成行动力量，推动我经营的"双童"企业穿越一个个经济周期，从而保持快速成长。

赖建雄
流行美时尚商业机构创始人

华为"商业哲学书系"全面总结梳理了任正非在华为成长和发展过程中的思考、经验和智慧，内容涵盖任正非先生在华为企业管理、战略规划、团队建设等方面的底层逻辑。无论是想了解华为成功的秘诀，还是希望锤炼自己的商业领袖能力，都可以从这套书获益良多。

李志林
简一集团董事长

基业长青是每一位企业家的梦想，企业的长盛不衰源于企业家思想和企业文化。华为"商业哲学书系"全面系统地梳理了任正非的世界观、战略观、管理观、学习观，并从商业的底层逻辑详细解析了任正非的商业哲学、领导哲学，使读者从更高的层面理解商业的本质。

朱岩梅
华大基因集团执行副总裁

如任正非所言，"华为的核心优势，不是技术、资金和人才，而是对技术、资金和人才的管理。"学习华为是中国管理者的必修课。华为 30 多年的发展历程覆盖了 MBA 课程的所有模块，读者如能钻深学透、活学活用这套书的管理理念和经营哲学，就会是个货真价实、接地气的 MBA。

王兵
索菲亚家居集团总裁

华为是一家了不起的企业，华为的任总更是当代杰出的企业家代表。

任总的商业哲学指引着华为披荆斩棘，一路生花。对于处于创业阶段、上升阶段的企业管理者，以及正在力挽狂澜的企业管理者、经营者来说，任总的商业哲学是弥足珍贵的财富，具有非常强的学习和借鉴意义。

吴铭斌
连续创业者、终身学习者，美誉集团联合创始人，广东满纷信息科技有限公司总经理

美誉集团距离华为松山湖基地不算很远，我们一直在学习华为。但我们对华为的了解非常有限，对任正非的经营管理智慧、商业哲学了解得更少。华为"商业哲学书系"对我们学习华为和任正非的商业哲学非常有意义，我们将向更多客户推荐这套书及相应课程。

秦烜
广州从都国际庄园高尔夫球汇总经理

华为"商业哲学书系"对提升企业家和管理者的认知，悟透商业逻辑和经营管理中的道，可以起到积极的引路和启明作用，极力推荐。

谢振东
广州市公共交通集团有限公司大数据总监，广州羊城通有限公司董事长

企业是一个活体，它有灵魂、有思想、有精神，需要激励、运营、创新、营销等机制持续激发活力，如何激发呢？这套书给了攻略，学习任正非，复刻华为，创立下一个领军企业。

周晓曦
北京今圣梅家具制造有限公司董事长，北京蜂虎文化艺术有限公司董事长，中国女企业家协会副会长

期待华为"商业哲学书系"尽快与创业者、企业家见面，传经送宝，点石成金。期盼有更多像华为一样优秀的企业如雨后春笋般傲然屹立在世界东方的沃土上，为中华民族的伟大复兴贡献更大的力量。

施少斌
贝英资本创始人，王老吉原掌门人，珠江钢琴集团原董事长

对当代中国企业界的人来说，华为公司和创始人任正非先生都是学习的标杆。
华为"商业哲学书系"是很好的学习华为的工具，建议企业家细读细品，学以致用，做大自己的事业，成就任正非式的人生篇章。

知名教育家

张益铭
胜者教育董事长，中国素质教育专家，"胜者163教育模型"创立者

中国企业家是一个比较喜欢学习的群体，这是中国经济在改革开放以来异军崛起、取得杰出成就的重要原因。作为当代中国最优秀的企业之一，华为的成功与任正非的商业哲学直接相关。我相信，华为"商业哲学书系"会成为中国企业家未来若干年非常喜欢学习的著作。

李发海
益策教育创始人

"训战"是华为大学的一个显著标签，像打仗一样训练、像训练一样打仗。实施教育不是目的，而是为经营服务的战略手段，是锻造组织能力的重要抓手，华为大学案例对企业界有较大的借鉴意义。

柯银斌
察哈尔学会学术委员会副主任、高级研究员

中国企业之前多学习美国、日本企业的管理模式和企业文化，华为崛起后，已成为中国企业学习的标杆。华为"商业哲学书系"对任正非的商业哲学进行了全面梳理、总结，是学习华为很好的工具。点赞东升兄及其优秀的团队！

知名媒体人

王牧笛

中国知名媒体人，广东卫视《财经郎眼》制片人、主持人，功夫财经创始人兼CEO

华为的价值观、方法论、战略、创新、股权、产品、管理、营销、数字化，成了一个又一个商业样板和示范，而这一切都归因于商业哲学。

本书系对中国企业的成长、转型和进化是镜鉴，亦是弥足珍贵的思想财富。

邱恒明

财经作家，财经书评人

程东升研究华为及华为创始人任正非二十余年，他带领的团队创造性地总结并提炼出任正非"商业哲学体系"，是中国商业创作领域的里程碑事件，为现代东方管理智慧划定了一条标尺，必将引起关注和讨论。

张凤安

艾利艾智库董事、总经理

程东升是华为研究知名专家，他与团队跟踪华为二十多年，此番特别推出华为"商业哲学书系"，给所有试图解读华为、学习华为的企业家、学者提供了迄今最完整、全面的"华为真相"。华为的精神谱系是一部中国企业史、中国企业家精神史和中国企业家心灵史。

姚军
中流会"向华为学习俱乐部"创始人

相信研究华为多年的东升兄主编的这套书会为人们认识华为提供一个全面且有独特价值的视角。

封底美术作品作者

王晓晴,中国美术家协会会员,中国工笔画协会会员,中国古琴协会会员,广东省美术家协会会员。

封面肖像画作者

关振旋,广东佛山人,生于1940年,毕业于佛山艺专油画专业,善画人物,曾创作多本连环画,晚年以肖像画及情景速写闻名,将几万张手稿捐赠给家乡美术馆收藏。

本书系编撰团队

首席顾问：詹　敏　　特约编辑：石北燕　　资源整合：王海宁　　主编助理：程美琳

特别鸣谢

企业界友人：

王纪伟	刘志清	殷祖碧	屈晓春	王群英	周素梅	李　根	王春燕	邓秀华	苏晓平
梅鹏飞	马　娅	严　勇	梅昌财	陈鑫磊	张正勤	余荣军	马　腾	王　静	张向东
陈玉劼	穆兆曦	黄家庆	曹书涵	邓智君	严佑春	黎邦其	汤敏超	万玉华	许开京
马本湘	马苏格	周巧璋	赖建雄	於凌燕	吴天真	周维升	孙大勇	孙鹏博	孟大伟
黄　刚	安　强	尹青胜	张　华	廖学锋	徐　恺	徐瑞明	咸伟川	晁莉红	旷晓玲
曾繁华	朱　明	李吉兴	李宗兴	李红伟	林翔辉	江明强	游　沙	潘少宝	刘冬梅
王东才	王耀民	程依春	郑孙满	肖万俊	肖金文	胡　勇	谢嘉生	贺　勤	刘继敏
毛志刚

博研教育领导团队：

欧阳清　博研教育总裁、广州市海珠区人大代表、民进广东省委会青工委秘书长
吴天昊　全球博研同学会秘书长，科创联盟发起人
顾国强　博研教育CFO兼首席法务官
雷　安　博研教育首席营销官
张川燕　博研教育商学院院长
毛望仁　博研教育金哲院联席院长
刘　画　博研教育金融学院院长
唐玉婵　博研教育金哲学院副院长
陈　洁　博研教育金融学院副院长
赖凤燕　博研教育历史学院执行院长
陈乐雄　博研教育国际学院副院长
冯平平　博研教育法国克莱蒙MIB/DBA项目主任
陈彦妤　全球博研同学会副秘书长
李　文　博研教育集团事业部主任
宋小英　博研教育产业创新项目主任
张荣兰　博研教育校友资源部总经理
田　磊　博研教育佛山分院执行院长

博研教育金哲11班同学：

陈建名	陈锦全	秦　烜	卢建彤	李庆嘉	陈宣儒	邓辉明	李连燕	郭恩凝	黄定文
刘隽瑜	刘鸿兴	刘　萍	罗　林	陶祺楠	温恩婷	文美兰	徐怀石	燕　东	朱华英
陈伟添	许宏生	黄大成	卢海华	张青云	何　理	王牧笛	管晓蕾	刘　翔	廖　健
梁文蓓	张俊峰	何晓娟	张　梅	张春玲	晏　晨	谢振荣	詹惠红	周　斌	余少菓
赵天宇	黄惠敏	周立峰	王　方	夏艳娟	彭　琼	李东梅	冼丹丹

法国克莱蒙商学院博士班同学：

张　健	宣典祥	毛小毛	朱红兰	廖春樱	陈　耕	李家丽	彭　琼	李卓洁	王　伟
周立峰	廖成伟	陈锐涛	左光申	陈锦全	李东梅	李小华	凌晓萍	卢建彤	冯华山
张　玫	金代荣	张金海	李东坤	王　玲	何晓娟	杨莉丽	刘汝华	张俊峰

华为 商业哲学书系

推荐序一 ▶ FOREWORD I

读懂任总才能读懂华为
学习领先者成为领先者

范厚华 / 文

歌德曾说过:"同时代的伟大人物可比于空中的巨星。当他们在地平线上出现的时候,我们的眼便不禁向他们瞻望。如果我们有幸能分享这种完美的品质,我们便感到鼓舞和受到陶冶。"

当今企业界,人们为什么学华为?

在世人眼里,华为曾经和它的创始人任正非先生一样,充满神秘感,很少有人能说清楚它是如何在短短30多年,从一家立足深圳经济特区、创业资本只有21000元人民币的民营企业,稳健成长为年销售额近万亿元人民币的卓越的民族企业的。华为的迅速崛起及其取得的辉煌成就为业界瞩目,它在很多方面,尤其是企业管理方面,对整个产业乃至中国企业产生了深远影响。很多专业人士都试图从企业管理的各个层面探究华为成功的原因，那么，华为是如何对近20万人的庞大组织进行科学的管理，并卓有成效呢？

本源就在于任正非先生的商业哲学思想。

任正非先生说过："一个管理者到底以什么样的思想来治理企业，我认为这是一个企业首要且最大的管理命题！"

我在华为任职17年，从一名一线销售人员到代表处代表，再到海外区域副总裁，见证了华为从国内市场到全球领先的不断壮大的历程。要说我体会最深的一点，是我刚进入华为的时候，第一次有幸读到任总的讲话纪要，任总看似平易近人、通俗易懂的话语，却深入浅出地表达出深奥的管理理念，给当时的我留下了深刻的印象，并对我后来的成长起到了指路明灯的作用。我相信任总的管理理念在每位华为人心中都刻下了深刻的烙印，甚至可以说，华为最后的胜出，就是任总管理理念普遍灌溉的结果！

任总先进的管理理念，以及对外部智慧的开放吸纳，对世界观、价值观、商业观的坚守，是华为能够专注于本业的核心，更是华为能团结全球最优秀的人才、不断壮大成长的秘诀。

企业家都需要面对一个问题：企业存在的意义和本质是什么？我们究竟帮助客户创造哪些价值？为社会解决什么问题？套路、章法、打法再熟练，也只是价值传递的管道；若顶层思想偏离了企业存在的本质，就直接导致行为偏差，最终使结果产生巨大偏差。

我作为"以客户为中心"的企业管理实践者，6年来指导多家上市企业学习任正非先生的管理理念，解读华为的先进管理体系。企业家们在深入理解的基础上，结合企业自身实际，建立和践行了自己的"以客户为中心"的管理体系。我们先后服务了歌尔股份、汇川技术、西子洁能、顺络电子、中控技术等企业。企业家们以他们强大的领导力，锐意变革，坚守长期主义，几年下来，这些企业都取得了非常优异的经营成绩，走上了高质量可持续发展之路。

这套书对任正非的商业哲学进行了全面系统的梳理，从管理思想到业务策略，从管理哲学到规则体系，从世界观、方法论、领导力哲学等方面，深度解读任正非先生的商业思想内核，揭开华为30多年来持续壮大、不断腾飞的本源动力。这套书凝聚了东升兄及其团队研究华为20余年的心血，极具思想性、先进性和启迪性，我相信会给企业家及广大读者带来独特价值。

读懂任总，才能读懂华为；学习领先者，才能成为领先者！

相信读者在东升兄及其团队的心血之作的加持下，勤加实践和体悟，一定能在企业治理之路上突破认知、扩大格局，带领企业走向巅峰！

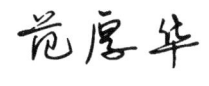

范厚华

2023年9月

（范厚华 深圳传世智慧科技有限公司创始人、总裁，华为前海外区域副总裁）

华为 商业哲学书系

推荐序二 ▶ FOREWORD II

利他和长期主义的力量
弘扬家国情怀

殷祖碧 / 文

任正非是我最敬佩的中国企业家之一。这不仅仅是源于我有过从军经历，任正非早年也在部队，且一度成为了技术能手、学习标兵。部队的历练为任正非后来创建华为打下了坚实的基础。可以说，华为能有今天的成就，与任总早年在部队的历练密不可分。我后来也脱下军装开始做生意。很多人都知道，刚开始我创建的公司规模虽小，但也是在服务我们的国家基层民众，从这一点来说，我们与华为的初衷是一致的。

我敬佩任总的另一个重要原因是，42岁开始创业的任总打造了让全世界瞩目的伟大的企业。华为的成功，其核心就是任总在华为实施的完整的闭环商业逻辑，沉淀的深刻的商业哲学，无论从自主研发到市场营销，还是内部全员持股分红，都是让常人难以想象的管理智慧与最早的内部均富思想的落地。

通过子旭科技总裁、香港大国医道智慧国医董事长，也是我们的会员企业主詹敏的介绍，我认识了我国知名财经作家程东升老师。程老师持续研究华为，从2003年出版第一本有关华为的畅销书《华为真相》，到2023年刚好20年。20年来，程东升及其团队策划了系列有关华为的图书及课程，为总结中国企业的管理经验做出了一定的贡献。程东升老师的专注力、专业度同样让我们敬佩。

程老师及其团队耗时四年多创作的华为"商业哲学书系"，系统总结了华为取得巨大成功的底层逻辑、价值观、方法论。在我看来，这是学习华为的非常好的系统工具。

我认为，华为商业哲学具有一定的普适性，可以为很多中国企业学习。创建公司以来，我们一直在学习华为的管理模式，引入了华为的利他主义、长期主义、诚信为王等思想。

华为有一个理念是"以客户为中心"，长期坚持艰苦奋斗。华为从之前的交换机产品到现在的手机，到各种智能产品，秉承的都是这样的理念。世界公认的国际质量管理体系ISO八大原则之首就是"以顾客为关注焦点"，处处落实到细节中，这是一个伟大的理念。

我们从永倍达到2023年下半年推出的全新的互联网平台"有趣世界"，定位始终如———做中国领先的民族电商平台。我们充分分析了国家当前的市场需求和社会环境，致力于通过打造自主品牌，利用自主知识产权，实实在在地帮助企业，更好地满足"人民群众对美好生活的向往"。

我们认识到，消费者既是消费者，同时也应该是企业的投资人，在享有产品的使用权之外，还应该拥有企业的分红权。但是，在传统商业理念的零售模式中，消费者仅仅是产品的消费者，企业的发展壮大、取得的利润，基本与消费者无关，尤其是在还没有上市的时候，企业内部存在一个封闭的利润分配机制，消费者只是利润贡献者，难以分享企业的利润。即使上市了，企业也只是开放了一部分利润分配权给社会上的投资人，而非全体消费者。正是从消费者（客户）的这个需求出发，我们创建了"永倍达·有趣世界"，我们的目标是让越来越多的消费者成为企业利润共享者。在这一点上，我们本质上是在学习华为"以客户为中心"的服务意识。

在运营中，我们学习了华为人艰苦奋斗、不畏艰险、迎难而上的精神。我在创业过程中，也遇到了几乎是同样不可想象的各种困难，甚至面对过巨大的质疑，但我们从没有退却过，从没有停步过，从没动摇过我们的信念，从没辜负过对千千万万会员的承诺，我们坚信我们从事的是如华为一样伟大的事业。

尽管我们过去取得了一定的成绩，在2023年8月15日推出全新的互联网平台——"有趣世界"之后，我还是要求团队成员具备"归零心态"，忘记过去的所有成绩，一切从头开始。我们一直牢记华为倡导的"过去的辉煌不是未来成功的可靠保障"。

华为还有一点非常值得学习的，是强烈的家国情怀。孟晚舟女士被滞留在加拿大长达数年，有着强烈使命感的华为人的家国情怀日月可鉴！

在千千万万的事业伙伴的共同努力下，我们也像华为一样，以强烈的家国情怀，与全国近 400 个县市成功合作惠美乡村项目，帮助亿万村民直接销售农产品；我们还积极参与乡村振兴基金的建设，为惠美乡村的永续发展做出重要贡献。我们会继续不忘初心助力中国乡村经济的振兴事业，还会通过各种方式服务社会、回馈大众，永怀家国情怀。

华为商业哲学的内涵非常丰富，我们只领会了其中一部分内容，还没有学到家。这套书是非常好的学习工具，我们愿意与更多企业家、伙伴们一起持续学习、共同进步，创造属于我们的美好未来。

2023 年 9 月

（殷祖碧　铸源集团营销副总裁，有趣世界龙焱系统创始人，湖北军昊文旅发展集团董事长）

华为 商业哲学书系

推荐序三 ▶ FOREWORD III

企业家要学点哲学

徐晓良 / 文

博研教育起源于2009年创办的中山大学管理哲学博士课程研修班,与很多以实用为导向的企业家培训班不同,博研教育一开始就走的是"无用之用"的道路,以"哲学"为基础课程,以"哲学"为思考的出发点和归宿。因此,博研教育的很多课程,尤其是面向企业家、企业高层的金融哲学产业创新班课程(简称金哲班),商业哲学是必修课。

博研之所以采用这样的课程设置,是因为我们觉得企业家到了一定的阶段,必然需要进行哲学思考,必然会从哲学的高度考虑问题,具备哲学思维的企业家,才容易在纷繁复杂的商业市场中,看清商业的本质,掌握企业的核心。事实也正是这样,比如华为创始人任正非先生,其经营管理理念就充满了哲学思考,有大量的思辨话题。

比如任正非提出"华为没有成功,只有成长",按照我的粗浅理解,这句话充满了哲学意味,至少有两层含义。

第一,"成功"没有什么统一的标准。或许在很多人眼里,华为已经非常"成功",比如2019年的营收一度达到了将近9000亿元、利润达到了600多亿元;华为多年前就超越了曾经的行业第一思科、第二美电贝尔等众多巨头,成为全球ICT领域的领军企业;华为在ICT领域的多项技术跃居世界第一……从市场表现来看,华为的确算是非常"成功",这是普遍意义上、普通人眼里的成功。但在任正非看来,这都不算什么,或许他心里有更高更远大的目标,华为还远远没有达到他的期望。

第二,华为的成功永远只是暂时的、阶段性的,华为根本没有"成功"的概念。这当然是任正非对于华为取得成就的一种自谦,但如果从哲学的角度分析,任正非说的也确为事实。天下没有任何一家企业能够一直成功,甚至都没有永远存在的企业。任何企业都是有一定的生命周期的,华为也一样,最终会有消亡的一天。所以,任正非说,华为人的任务之一就是推迟华为死亡的时间。

因此,任正非从来不说要做百年企业,而是经常提醒华为人"华为距离破产只有21天"。

这套书从哲学的高度对任正非先生的经营管理理念进行了相对全面的梳理、剖析,大家可以通过这套书系统地学习任正非先生的商业哲学。

任正非先生非但在华为的经营管理实践中不自觉地进行哲学思辨,还非常明确地要求华为的高层要学点哲学、懂点哲学。

显然，任正非先生就是一位商业哲学的思考者、践行者。

任正非先生给中国企业家树立了一个很好的标杆。

亚里士多德曾说过："哲学智慧产生于人类的实践活动。科学需要哲学，商业也需要哲学。"在当下这个关键节点，企业家需要重新对世界发起追问和思考。

博研的课程设置以哲学为基础，在一开始的时候，我的很多朋友都担心这样的"务虚"课程，很难得到企业家，尤其是华南企业家的认可。在很多人的印象里，华南地区的企业家是低调务实、讲究实战，甚至是奉行实用主义的。但博研这么多年的经验证明，华南的企业家非常喜欢哲学，博研的"金哲班"课程受到了广大企业家的喜爱。目前，金哲班课程已经开设到了第12个班，有数千名企业家学习了这一课程。

经过多年的发展，博研同学会已形成拥有2万企业家学员、20万企业家会员，影响力覆盖超过100万华南高端人群，并具有全国影响力的学习型社群。

这充分证明，华南企业家不但非常务实地低头拉车，还时常抬头仰望星空、进行深度思考。这是一群非常好学、思辨性很强、实践能力很强的可爱的企业家。

近年，博研开始尝试走出华南，去全国更多城市服务当地的企业家。我们希望全国各地的企业家都能参与商业哲学的课程学习。

我们将持续开设商业哲学课程

叔本华说："哲学就像艺术和诗，必须在对世界的知觉把握中去寻找自身的源泉。"

黑格尔说："哲学应当从困惑中开始。"

这是博研创立的初衷，也是程东升先生研究华为商业哲学的初衷。

程东升先生及其团队一直研究华为和任正非先生的经营管理理念，先后策划、创作、出版有《华为真相》《华为经营管理智慧》《任正非管理日志》《华为三十年》等众多华为题材的畅销书，在市场上产生了相当大的影响。其中，《华为真相》第一版出版于2003年左右，是国内最早出版的关于华为的专著之一，可见程东升先生及其团队对华为关注之早、研究持续时间之长、专业程度之高。

我在与程东升先生交流的时候，他经常自谦地说，上述图书的畅销，并非他们团队努力的结果，而是华为的成功实践产生的联动效应，是任正非先生系统而完整的经营管理理念在中外企业界的重大影响带来的。

几年前，程东升先生及其团队开始策划、创作华为"商业哲学书系"，从哲学视角梳理任正非先生的经营管理理念。其团队中有前世界500强企业的CEO，有中国企业界的资深企业教练，也有国内外著名商学院的知名学者。这是一个实力雄厚、理论与实践经验都非常丰富的团队。

基于大家对商业哲学，尤其是华为商业哲学的高度认同，博研教育与程东升先生的团队共同策划、出版了这套书。我们将会把这套书作为博研教育的教材，供广大企业家学习。

弗兰西斯·培根说："读书不是为了雄辩和驳斥，也不是为了轻信和盲从，而是为了思考和权衡。"

企业家来博研学习，除了知识的更新外，还可以提升思辨能力，学会思考和权衡。

这套书的出版只是工作的开始，未来，我们每年都会推出类似的出版物。我们还与程东升先生及其团队开发了针对企业家的商业哲学课程体系，内容包括中西方哲学流派的演变、任正非商业哲学认知以及他在华为的实践；这门课程既包含哲学素养的普及知识，又有哲学在商业中的实践经验，企业家在学习过程中既动脑又动手，既务虚又务实，非常适合提升企业家的认知能力和实践能力。

我一直认为，做企业需要使命引领、哲学护航、战略创新、机制保障。在这一框架下，企业成员可以逐步实现"同类相依"，朝着同一个目标前行。

我相信华为"商业哲学书系"的内容会不断完善、课程体系会不断优化，不但为博研教育的企业家学员赋能，还可以给全国乃至世界更多国家和地区的企业家赋能。

2023 年 9 月

（徐晓良　博研教育创始人、董事长，博研商学院院长，全球博研同学会理事长，广东省工商联执委、广东省山东青岛商会会长、中国科学院科创型企业家培育计划发起人，国家文化科技创新服务联盟主任。曾任中山大学 EMBA 中心主任）

华为 商业哲学书系

推荐序四 ▶ FOREWORD IV

回归原点读任正非的商业哲学

田和喜/文

我们所处的世界,既简单,又复杂。看华为,想必也适用。"一听就懂、一做就蒙"已然成为中国企业学习华为的窘境所在。

因为咨询服务的需要,我开始研究华为。

任正非曾说:"华为生存下来的唯一措施,是要向最优秀的人学习。"2012年,我有幸成为国内唯一受邀到华为分享阿米巴经营原理与实战的咨询顾问,从此我与华为结缘,进而了解任正非先生和华为的成长历程,并开始探寻华为的成功之源。

一、华为的"真经"源于任正非的商业哲学

企业经营是一门科学,也是一门艺术。华为是任正非遵循科学规律带领全员创作出的"艺术品"。因此,企业家个人的商业哲

学，是一家企业持续成功的根基。世界上没有两位相同的企业家，自然也不存在两家相同的企业。

华为成功源于任正非的商业思想。

第一，一把手胸怀天下与战略定力。

优秀是一种思维习惯，志存高远才会有超前的战略眼光。任正非在1994年就洞察到通信行业未来的市场竞争格局，想要生存就必须"三分天下有其一"，从而保持高度聚焦的战略定力，提前布局未来，华为才有了今天的底气。

2019年5月5日，美国政府宣布制裁华为。随后华为公开发文称："我们早已做好准备！"华为十多年前在"云淡风轻的季节"已经作出过"极限生存的假设"，随着何庭波的一份声明让世界震惊——所有我们曾经打造的"备胎"，一夜之间全部转"正"。

想要活下去，必须未雨绸缪。最具风险的事情，就是对未来不采取任何行动。

第二，以客户为中心与有效的市场策略。

企业想要持续发展，"以客户为中心"只是基本条件，还必须采取精准的市场策略。做通信业务时，任正非向毛主席学习"农村包围城市"的打法，选择差异化的产品定位和高性价比路线，从中低端市场入手，在夹缝中生存，奔赴海外做跨国巨头们看不上的边缘市场。

华为2003年就成立了终端公司，为运营商定制开发了100多款手机，由于只关注了运营商需求，没有把目标瞄准最终购买和使用手机的消费者,这100多款手机未受到消费者喜爱,业务发展缓慢。直到2011年,华为终于明确"终端竞争力的起点和终点,都源自消费者"后,终端业务才走上了快速发展的道路。

想要活下去,必须先瞄准客户,想要发展,必须走与众不同的路。

第三,以奋斗者为本与倒逼经营体制。

成功是奋斗出来的,成长是倒逼出来的;没有持续的成长,哪来持续的成功。任正非从自己的人生经历中深刻体会到,个人成长是因原生家庭境况所逼,企业成长源于市场竞争的生死压迫。华为设置的事业部、责任中心制与当年松下事业部制如出一辙,培养了大量管理人才。

2009年1月,任正非在华为销服体系奋斗颁奖大会上,发表演讲《让听得见炮声的人来决策》,结合华为当时组织变革背景,"让听得见炮声的人来决策"从此开始流行。我后来看到这篇文章,才注意到华为向日本企业学习已久,这也是为什么华为邀请我分享"阿米巴经营模式"原理、原则与实践的原因。

活下去,必须把寒气传递给每一个人,要发展必须全员奋斗,这就是全员经营的倒逼体制。

第四,长期艰苦奋斗与价值分配体系。

价值分配体系要向奋斗者、贡献者倾斜。任正非围绕"创造价值、评估价值、分配价值"设计出一套科学的激励体系,吸引着全世界的人才。从"高层要有使命感,中层要有责任感,基层要有饥饿感"的激励方针来看，任正非早把人心的需求看穿，把人性的弱点看透，讲着鼓舞士气的话，公平公正地分钱，牵引着人心向前。

学习任正非，经常会遇到一个偏执的问题："老板，您学习华为管理之前，能先做到像任总那样把99%的股份分给大家吗？"激励的学问，不只在于分钱，也不是一定要把绝大部分股份分出去，而是学会在公司不同的发展阶段，根据战略需要，不断实现新的利益再平衡，让蛋糕越做越大，能力越分越强，钱越分越多，也越分越长久。

活下去，除了会分钱，同时还要会分责、分权、分名、分利，更要会分享经营的痛苦与胜利的喜悦。

第五，永远冲锋在前与不断突破自我。

"我若贪生怕死，何以让你们去英勇奋斗，华为强大的核心在于其干部管理体系。技术骨干出身的任正非，深知技术对于企业的重要性；但他更加明白，企业要实现技术上的持续领先，必须在经营管理能力上持续领先。任正非提出："所有企业都是管理第一，技术第二。没有一流管理，领先的技术就会退化；有一流的管理，即使技术二流，企业也会进步。"

任正非要求自己放下技术走向管理，并带领干部团队一起从技术走向管理；华为要用优秀的人培养更优秀的人。

活下去，革自己的命最难，但任正非义无反顾地做了。

第六，回归原点思维与战略集成经营。

回归原点，是松下幸之助和稻盛和夫的观点，也是我在日本住友学习"《论语》加算盘"经营实学之战略集成经营的第一课。

华为很复杂,华为一年几千亿元的营业额,业务遍及全球170多个国家和地区;近20万员工,组织十分庞大,经营管理体系、工具十分复杂。如照搬其方法论,大部分企业难以驾驭。

华为也很简单,华为和世界其他优秀企业一样,都始终坚守经营的原点,遵循朴素的经营原理和原则,所有业务管理的工具、方法、机制系统都是在此基础上生发出来的产物。华为将朴素的商业哲学与经营管理的各机能体系融会贯通,形成了高度的战略集成经营,这是华为庞大组织能够实现上下对齐、左右协同的根本原因。如果华为在经营原理和原则上是复杂的,那必然无法高效组织千军万马南征北战,展现出世界一流的竞争力。

任正非曾十分很谦虚地说:"我什么都不懂,只懂把华为的人'粘'起来,朝一个方向努力。"然而,他何止是把华为人"粘"在一起,也把外部的客户、科研机构、供应商、战略集成经营顾问、模块管理顾问等利益相关者全都紧紧地"粘"在一起,为了华为"把数字世界带入每个家庭、每个组织,构建万物互联的智能世界"的使命而奋斗。

活下去,任正非不断回归原点,不忘初心,牢记使命,永葆创业状态。

二、做不了任正非,但必须学任正非

经营管理本身也是一门支撑企业成功的核心技术,任正非作为商业智慧的集大成者,他为中国企业家提供了一个学习和对标世界一流经营水平的窗口，在世界范围内，我们能够找到的公开且信息丰富的商业案例屈指可数。而今，本套书就在我们面前。它讲述的不是成功学，而是每位企业家都可以学到的商业真经。

2023 年 9 月

（田和喜　广州道成咨询集团创始人，曾任世界 500 强住友化学经营部长，中国"理念＋算盘"自主经营开创者，阿米巴经营本土化奠基人、权威专家，中国 500 强战略集成经营顾问）

华为 商业哲学书系

书系总序 ▶ FOREWORD V

探究任正非的商业哲学

程东升 / 文

> 没有正确的假设,就没有正确的方向;
> 没有正确的方向,就没有正确的思想;
> 没有正确的思想,就没有正确的理论;
> 没有正确的理论,就不会有正确的战略。
> ——《任总在 Fellow 座谈会上的讲话》(2016)

任正非的这段话充满了哲学思考的味道——方向大致正确,来自企业家的思想正确;企业家的思想正确,来自对企业的正确认知;思想正确、正确认知来自企业家对事物本质的认识,企业家需要掌握哲学这个工具。

任正非认为,领导干部要学习哲学,提高认知水平,提升分析事物的能力，学好哲学才能做好工作。在华为的管理问题上，任正非多次提到"华为的管理哲学"。

华为所有的哲学就是以客户为中心，就是为客户创造价值。

任正非的这句话强调了以客户为中心在华为的重要性，这也是华为所有动作的出发点和归宿。

华为没有管理哲学，华为管理的核心就是四个字：实事求是。

任正非说华为没有管理哲学，或许也是一种事实——华为包括任正非自己并没有提出明确而系统的管理哲学体系，任正非只是在日常讲话中提及众多管理原则、思维模式，涉及大量认识论、方法论等。任正非更没有创立新的哲学理念，从学术的角度看，华为和任正非的确"没有哲学"。

但是，从实用主义、商业的角度看，任正非执掌华为30多年，带领20万人，将华为从一个小公司发展成为营收最高达8000多亿元、在行业内排名第一、众多技术领先世界的公司，没有一定的哲学认知、哲学高度，这样的成就是不可能实现的。因此，任正非说华为没有管理哲学，显然是他的一贯风格——自谦，但并非否认华为有独到的管理哲学。

实事求是本身就是一种哲学，实事求是才能自我批判。从西方哲学的角度看，实事求是的假设前提是承认一切商业原理、商业成功都只是暂时的，都可能是错误的。这种假设的本质就是哲学上的怀疑论。

在任正非看来，规律是可以被认识和尊重的，但是，并不意味着所有结果都符合规律。也就是说，即使你掌握了公司成功的规律，也并不意味着你总是可以成功；何况，你认识和掌握的不一定是真正的规律。

很多企业家在取得了初步成功之后，就忘乎所以，以为自己掌握了企业的规律、行业的规律，甚至掌握了成功的规律，企业还没有做多大，就开始多元化，看到一个项目挣钱就想介入。这其实是一种投机心态。

这样的企业家，往往将运气等同自己的能力，以为时代给他的机遇、好运，是他凭自己的能力得到的。他以为自己的成功是一种必然，其实不过是一种偶然。

我辞职创业以后，收入比之前在政府机构、公司都高。一些朋友说，看来你在原来的单位受限制了，能力没有发挥出来。我告诉他们，我自己的市场价格也就是每月四五万、每年几十万的收入。现在我的收入多了一些，并不代表我的能力强，只是我的运气稍微好一些，而且是当下的运气好了一些，也许过几年运气不好了，能力再强，也只能获得市场给的价码。当然，通过持续不断地学习，我们可以提升自己的能力，进而让市场给我们更高的定价；规避风险，进而少犯错误；积累更多人脉，进而让运气更好。

学习还有一个更重要的功能——让我们对自己的判断和能力保持怀疑，明白外界的不可知性，清楚学习的重要性——通过学习，可以逐步接近事物的真相、理解真相、掌握真相。

学习华为就是学习任正非的商业哲学

从 1999 年起，我们开始关注、研究华为，2003 年出版《华为真相》。之后，我们一直在跟踪研究华为，到 2023 年，已经有 24 年的时间了。这 24 年中，华为从一家电信行业的小企业，成长为国际一流的 IT 与信息技术供应商、世界最大的电信设备制造商，在全球范围拥有很高的品牌知名度和影响力。

尽管任正非不承认华为已经取得了成功，在他看来，"华为没有成功，只有成长"，但从行业地位、销售规模、市场占有率等指标来看，华为的确已经取得了阶段性成功，甚至可以说是取得了巨大成就。

华为的成功，与任正非的经营管理密不可分。从我们这 24 年对华为的观察来看，华为的成功就是任正非商业哲学实践的成功。任正非从华为具体的经营管理中，总结、提炼了一套独特的华为经营管理哲学，已经从一个企业家成长为一位商业哲学家。这也是很多著名企业家的成长路径——从企业家到教育家，再到商业思想家、商业哲学家。

早在 2005 年，我就在《华为经营管理智慧》一书中提出了"商业思想家"的概念，并提出，任正非算是中国少有的一位"商业思想家"。今天，我觉得用"商业哲学家"更为恰当。因为企业家到了一定的高度，必然会从哲学层面思考问题，探究问题的本质。企业家到了一定的高度，必然成为教育家、商业哲学家。

我们之所以将任正非定义为商业哲学家，是为了限定任正非哲学理念的范畴。任正非显然很难算是一个普遍意义上的哲学家，更非一位学术界的哲学家，但他的确有深厚的哲学修养、深刻的哲学认知及成功的商业实践。我们将任正非定义为"商业哲学家"，就是强调他在商业领域应用哲学、提炼哲学。

这些年来，研究华为与任正非管理理念的书越来越多，但从商业哲学的角度进行观察、分析的还比较少。我们策划这套书的初衷就是从更深层乃至商业哲学的视角解构任正非的管理理念。

这些年，尤其是近年来，很多企业，包括很多国有企业都在学习华为。我们认为，华为当然值得学习，华为也应该去学习。不过，学习华为有不同的层次，在企业家层面，尤其是有一定规模的企业，企业家学习华为其实就是学习任正非的商业哲学，就是学习任正非的底层逻辑、学习任正非的思考方法、学习任正非分析问题的路径……

其实，不仅国内的企业，国际上也有很多企业在研究华为。从一定意义上说，华为的管理理念已经成为中国企业影响世界企业界的重要因素。华为和任正非正在重塑中国企业和中国企业家在世界的地位和影响力。

我们希望这套书能够为各界学习、研究华为和任正非的管理理念提供一个新的视角。

企业界学习商业哲学的样本

读者们可能注意到了，本套书的联合主编有一位非常引人关注的人士——徐晓良先生，徐先生是博研教育（博研商学院）创始人、董事长，博研商学院院长。徐晓良先生及博研教育深度参与了本套书的内容策划、创作和运营。

我们之所以选择与徐晓良先生及博研教育合作，是因为博研教育一直在引导和鼓励企业家们学习哲学。在中国企业家培训市场，这是一个独特的存在。

博研教育起源于2009年创办的中山大学管理哲学博士课程研修班（简称"博研班"），在发展过程中融合了中山大学CEO总裁班、北京大学BMP商业模式班、明伦堂国学班、广州美术学院艺术研修班的课程内容，并与清华大学合作进一步完善了教学体系。

经过10年的砥砺前行，博研教育以其富有哲学智慧的人文课程、科学赋能的管理课程、与时俱进的金融投资及商业模式创新课程，跨行业的、创新性的教育实践，在华南地区的企业家学习园地独树一帜。博研教育坚持"培养商业思想者"的发展使命，"学习成就人生"的教育理念，"以文会友，以友辅仁"的教学方针，致力发展成为"中国高端人文教育第一品牌"。

博研同学会已形成拥有两万名企业家学员、二十万名企业家会员、影响力覆盖百万华南高端人群并具有全国影响力的学习型社群。

毫不夸张地说，在对中国企业家进行哲学启蒙、从哲学高度提升中国企业界整体认知水平方面，博研教育功不可没！

正是由于对博研教育的高度认可，我们邀请徐晓良先生和博研教育共同参与了本套书相关的工作。当然，按照我们与徐晓良先生和博研教育的共同规划，本套书的出版只是工作的开始，未来，我们每年都将推出类似的出版物。我们还与徐晓良先生和博研教育开发了针对企业家的商业哲学课程体系。徐晓良先生主要讲授"商业哲学"和"哲学漫谈"，我和我的团队主要讲授"任正非商业哲学"。这些课程内容包括中西方哲学流派的演变、任正非商业哲学认知及在华为的实践，既有哲学素养的普及，又有哲学在商业中的实践，企业家在学习过程中既要动脑又要动手，既务虚又务实，有助于提升认知能力和实践能力。

基于对博研教育的认可，我本人也报名参与了博研教育的金融哲学班，以及博研教育与法国克莱蒙商学院合作的工商管理博士学位班的学习，当时这两门课程的学费是49.8万元。与华南其他民办企业家教育机构的课程相比，这个费用不算低，但与很多高校EMBA课程的收费相比，这个学费可谓非常实惠、性价比很高了。

在博研教育学习的过程中，我接触到了大量优质的企业家同学，既有创一代，也有大量创二代、创三代，这是一个充满活力、富有创造力的群体，大家的互动交流，尤其是线下交流非常多，我收获了很多友情，这是在其他很多教育机构无法实现的。就我本人而言，在博研教育学习非常超值。

我们在博研教育学习还有一点非常值得推崇——大家互为老师，相互赋能，比如，我在这里学习，同时讲授"任正非商业哲学"；著名企业家、博研金融哲学班校友、芬尼科技联合创始人宗毅讲授"裂变式创业"的课程，等等。

基于上述学习模式，我相信这套华为"商业哲学"的内容会不断完善、课程体系也会不断优化，不但赋能给博研教育的企业家同学，还可以赋能给全国乃至世界更多国家和地区的企业家。

我们希望各位读者朋友也参与到这个项目中来，您的任何建议、意见，可以随时反馈给我们（助理联系方式：15013869070），在此表示诚挚感谢！

程东升

2023年9月

目 录 ▶ CONTENTS

1 / 序章 /

光与气的隐喻：当领导力遇见哲学　　| 003

2 / 个人篇 /

第一章　真北 VS 立志：君子以自强不息　　| 023

　　领导者的困惑　　| 024
　　任正非的案例　　| 025
　　任正非的启示　　| 027
　　我们要如何行动？　　| 031

第二章　守信 & 应变：做难而正确的追光者　　| 032

　　领导者的困惑　　| 033
　　任正非的案例　　| 034
　　任正非的启示　　| 037
　　我们要如何行动？　　| 040

小结："价值观"红利与长期主义　　| 045

3
/ 组织篇 /

第三章　成果 VS 利益："多打粮食"是硬道理 | 049
　　领导者的困惑 | 051
　　任正非的案例 | 053
　　任正非的启示 | 061
　　我们要如何行动？ | 066

第四章　开放＆聚焦：边缘效应与无边界组织 | 068
　　领导者的困惑 | 071
　　任正非的案例 | 073
　　任正非的启示 | 083
　　我们要如何行动？ | 085

小结：保障组织的"战略执行力" | 090

4
/ 文化篇 /

第五章　客户 VS 员工：沟通是自我批判的前提 | 097
　　领导者的困惑 | 099
　　任正非的案例 | 102
　　任正非的启示 | 107
　　我们要如何行动？ | 112

第六章　组织&英雄：变革的是利益，更是文化！ | 115

　　领导者的困惑 | 117
　　任正非的案例 | 118
　　任正非的启示 | 124
　　我们该如何行动？ | 130

小结：家国天下，知行合一 | 133

5
/ 制度篇 /

第七章　狼性VS人性："以奋斗者为本"就是知识资本 | 139

　　领导者的困惑 | 142
　　任正非的案例 | 144
　　任正非的启示 | 151
　　我们该如何行动？ | 154

第八章　学习&创新："拧麻花"才能螺旋上升 | 157

　　领导者的困惑 | 159
　　任正非的案例 | 160
　　任正非的启示 | 165
　　我们该如何行动？ | 168

小结：内练外学，警惕"抽空" | 171

6
/ 竞争篇 /

第九章　工业时代：面对竞争，亮剑争锋 | 175
　　领导者的困惑 | 177
　　任正非的案例 | 178
　　任正非的启示 | 185
　　我们该如何行动？ | 188

第十章　数字时代：跨界创新，合作共生 | 191
　　领导者的困惑 | 193
　　任正非的案例 | 194
　　任正非的启示 | 201
　　我们该如何行动？ | 206

小结：威天下不以兵革之利 | 209

7
/ 总结篇 /

我炼故我在：商业思想家任正非 | 213

代后记　山的那一边 | 224

1

序　章

HUAWEI

光与气的隐喻：当领导力遇见哲学

"一杯咖啡吸收宇宙能量，一桶浆糊粘接世界智慧。"

2023年8月29日，华为最新旗舰机型 Mate 60 Pro 低调上线，当天交付量超过80万部，同时引发舆论狂欢。这款手机的推出，在国外也受到高度关注，甚至在华盛顿引发了担忧。《华盛顿邮报》9月2日的报道称，"这似乎应验了美国芯片制造商的警告，即制裁不会阻止中国，而是会刺激中国加倍努力，打造美国技术的替代品"。

每一枚勋章背后都是无数艰辛的历程，万里长征是一步一个脚印走出来的。在美国制裁华为的五年间，华为完成了13000+个元器件的替代开发、4000+种电路板的反复换板开发等，直到现在电路板才稳定下来，因为有了国产的零部件供应。2022年，华为的研发经费是238亿美元，约1639亿元人民币；而2022年A股1083家创业板企业的研发投入总和是1324亿元（约为华为的八成）；代表着"支持符合国家战略、具有核心技术、科技创新能力强的企业"的科创板378家科技公司研发投入总和为771亿元，不到华为的一半。

华为敢于把研发投入调到如此高的比例，是因为吃过研发的甜头，这源于创始人任正非与众不同的理念。在2023年9月4日的最新讲话中，任正非向社会公开呼吁："华为储备人才，不储备美元，优秀人才都可以进来。"

实至方能名归。时至今日，华为已成功建立起一个正反馈的公司治理架构，既解决了蛋糕做大的问题，也解决了蛋糕分配的问题，同时成为中国产业链提升的最典型的代表和缩影。

华为的标杆性不只体现在中国，在全世界都是如此。

改革开放40多年来，中国已彻底融入全球市场体系。

从新中国成立初期的"一穷二白"，到如今的世界第二大经济体、最大货物贸易国、最大外汇储备国和世界上最大的发展中国家；从最初"三来一补"、雁式转移的"引进来"，到现在"一带一路"、共同发展的"走出去"，意味着中国在国际社会中的身份，已从"世界发展的受益方"转变为"世界发展的推动方"。

虽然身处百年未有之大变局，直面内外种种艰难和挑战，但中国的和平崛起，已成为任何人都不能忽视的事实。它不仅为世界各国发展提供了新机遇，也为中国的开放发展开辟了新天地——华为，就是这一过程中的典型代表企业。

众所周知，企业是市场经济和全球化的主体，本土跨国企业品牌则是国家形象的重要组成部分。历史已经多次证明，公司兴则国家兴，国家兴则文化兴。

"二战"期间，可口可乐同美国军队一起从战场走向世界，成为美国文化软实力的重要象征；执政期间使日本成为世界第二大经济体的首相中曾根康弘，也留下了"在国际交往中，索尼是我的左脸，丰田是我的右脸"的名言。

跨国公司的兴盛，在很大程度上取决于创始人/CEO的领导力，以及对不同国家、不同文化的深刻理解与洞察。在国际化浪潮汹涌澎湃的形势下，如何发掘、培育和锻造与时代要求同步的，既根植于本民族优秀文化传统又能激发员工忘我热情的"共有价值观"，是企业在国际竞争中永葆不败的"法宝"。

以日本为例，20世纪70年代起，世界市场上刮起了一股持续数十年的"日本旋风"，诞生了4位出身平民、不具备财阀背景却凭借骄人业绩享誉国际的优秀企业家——松下幸之助（松下）、本田宗一郎（本田）、盛田昭夫（索尼）、稻盛和夫（京瓷）。

松下的"自来水哲学""玻璃式经营"，本田的"企业是社会公器""一人一事、自由竞争"，索尼的"面向全球、引领潮流""创造市场、以新制胜"，京瓷的"敬天爱人""心灵经营"和"阿米巴模式"，不但成就了日本企业在20世纪七八十年代的辉煌，也代表了战后日本企业家商业哲学的共性，为以西方为主导的现代管理思想添上了醒目的"东方色彩"。

与之相比，中国品牌的影响力与中国自身经济实力完全不匹配，"大而不强，全而不优"几为公论，但华为却是一个特例（如图1所示）。

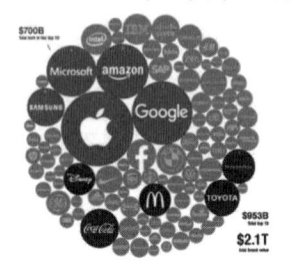

图 1　中国品牌的影响力与自身经济实力不匹配

资料来源：根据 BGB–Interbrand 整理。

随着越来越多的中国企业参与国际竞争，直面不同制度、不同文化的冲击，研究华为的成功经验和任正非的领导哲学，进而消化吸收、推陈出新，很有必要、极有意义。

领导和领导力是两回事。有领导力的人未必是领导，当领导的人也未必有领导力。

领导指的是一个团队的号召者，彰显的是职位。领导力则是一种能力、一系列领导行为的组合。任正非的职位毋庸置疑，所以本书中所说的"领导"，在非特别强调的情况下，均指的是"领导力"。

领导力就是影响力

"领导，而非管理"，是任正非能成功带领华为不断从胜利走向胜利的关键原因之一。

美国教授吉姆·库泽斯和巴里·波斯纳研究了 50 年的领导力，在他们的专著《领导力》一书中，对领导力做了如下定义：领导力是通过动员组织下属，为了一个共同愿景努力奋斗的一项艺术。

无论是从5个人、2万元起步，用30年时间造就万亿元营收的经营业绩；还是从卖减肥药、代理交换机苦求生存，到"全球化布局""勇闯无人区"的ICT行业地位；又或是从"华为的红旗还能打多久"的焦虑怀疑，到面对近乎"一企敌一国"的绝望境地，任正非都能审时度势、处变不惊，每每"于浩歌狂热之际中寒；于天上看见深渊；于一切眼中看见无所有；于无所希望中得救……"依然保持着"万里长江水，奔腾向海洋"的自信从容，体现了高超的领导力。

"领导力就是影响力"，美国管理学家、领导力大师约翰·麦克斯韦尔在其经典名著《领导力的5个层级》中这样强调。华为是一家典型的高知企业，仅在职员工就超过20万人，且遍布世界各地，其中绝大多数是高级知识分子，相当多是世界级知识分子，这样的一群人能团结起来拧成一股绳，说明任正非成功打造了一种文化，其影响深入人心。

17世纪法国著名科学家、哲学家布莱兹·帕斯卡尔的名言"人是会思想的芦苇"，历来被认为是关于西方理性主义和人文主义的最高宣言。他的意思是：人像芦苇一样，一阵狂风就能把他吹折，一场暴雨就能把他压弯，但人会思想，人的尊严、价值全都系于会思想之上。

知识分子就要有理想，要持守某种不可剥夺的内在的东西。任正非能在全球各地，整合不同地区、不同文化的20万知识分子，形成一个强有力的组织并取得商业上的巨大成功，是极其惊人的成就。

当代管理思想大师沃伦·本尼斯，曾担任过4位美国总统的顾问。在他看来，"领导和管理不同，管理者把事做正确，领导者做正确的事"。通用电气前 CEO、有"全球第一职业经理人"之称的杰克·韦尔奇也很不喜欢"管理"这个词，因为"管理的职责是把梯子正确地靠在墙壁上，而领导的价值则在于保证梯子靠在正确的墙上"。

任正非也是如此。他自谦，"我一贯吊儿郎当""既无人权，又无财权，更无业务权"，但"最大的权力是思想权"。2017 年，面对达沃斯论坛的直播镜头，他说："我不懂技术，我不懂管理，也不懂财务，我手里提着一桶糨糊。《华尔街日报》记者说我卖萌。其实这桶糨糊，在西方就是胶水，这黏结人与组织的胶水本质就是哲学。"

这一观点，此后他又在加拿大、会见 C9 联盟校长、给华为领导干部讲话等多个场合反复强调，并形成了"一杯咖啡吸收宇宙能量，一桶浆糊粘接世界智慧"的思考和文章。

他说："这个哲学的核心就是价值创造、价值分享、共有共享，保护每一个贡献者的合理利益，形成一个集群，这个战斗力是很强的，这个就是分享的哲学！这个哲学要黏结全世界优秀的人。"

哲学并不神秘

事实上，从华为创业开始，任正非就在内部反复强调，让各级领导干部都学点哲学，特别是高级领导干部。但像这样明确提出，其领导哲学的核心就是分享和黏结，还是经历了长期的交换、反复、比较和沉淀的。

大哲学家、诺贝尔奖获得者罗素，在其名著《西方哲学史》中写道："要了解一个时代或者一个民族，我们必须要了解它的哲学；要了解它的哲学，我们就必须在某种程度上自己就是哲学家。这里就有一种互为因果的关系，人们生活的环境在决定他们的哲学上起着很大的作用，然而反过来他们的哲学又在决定他们的环境上起着很大的作用。"

华为创办过程中，经历了中国从城市化率仅为25.32%（1987年）的农业社会，向现代化工业社会、信息社会，乃至部分一、二线城市已进入后现代社会的转型，也经历了中国深化改革开放、加入世贸体系，以及目前美国掀起的逆全球化浪潮冲击。

身为积极拥抱全球化的跨国公司，华为经历了来自不同地区、不同文化的融合、冲突，而哲学正是不同文化中最为深层次的内容，是不同文化存在的根基和灵魂。

哲学被东西方公认为智慧学、明白学，其最大的意义在于确立原则、指引方向、启迪思路、提高自己认识和改造世界的能力。

但它并不神秘，每个人日常生活中的各种感想就包含着各种哲学思想，比如悲观主义的"人间不值得"、宿命论的"命中注定"、唯物主义的"人定胜天"、享乐主义的"及时行乐"，等等。用马克思主义哲学家艾思奇的话来说："辨别哲学思想，就像果树林里找桃树，一定要告诉他，什么样的树是桃树，什么样的树不是桃树，这样他才能够容易找到桃树。"

一杯咖啡、一桶浆糊，恰恰是用朴实无华的比喻说出了领导跨国企业的核心难点——了解文化冲突、促进文化交流、整合智力资源。

"领导力"与"哲学"，就此发生了奇妙的化学反应。

我炼故我在

专业化时代里，什么都可以专门化研究，比如经营哲学、商业哲学、管理哲学、技术哲学等。任正非的领导力哲学也不例外，中西方的文化冲突与融合、中国改革开放与和平崛起的历史背景变迁，以及华为自身发展过程中的起起伏伏，共同构成了任正非领导力哲学的底色。但无论什么哲学都要有自己的"根"，必须有一个存在论的转变。

从这个角度出发，我们认为：任正非的领导力哲学的核心，是一个"炼"字。"我炼故我在"。"故"在这里不是因果关系，而是必然关系。

对本书的读者而言，这个"炼"有三层启示：

（1）任正非的领导力，并非天生之才，而是后天塑造出来的。

（2）任正非成为今天的任正非，源于毕生的自我发现。从某种意义上来说，成为一名领导者，与成为一个完整的人是一样的，正如苏格拉底的哲学原则宣言："认识你自己！"

（3）任正非领导力哲学，不是一个肤浅的风格、魅力、战略和管理问题，而是关系到我们作为人的身份以及那些塑造了我们的力量。它是技术能力和道德复合体的连接，是关于领导力观和领导力方法论的理论，是可以教、可以学，能够标准化输出、个性化学习的。

因此，概括地讲，本书所研究、学习的内容是"一个主要矛盾，两个基本问题"。

一个主要矛盾，即领导主体和领导客体之间的关系，即任正非作为领导者，与遍布全球的数以百万计（产业链上下游）的追随者，特别是身为知识分子的追随者之间的关系。

他们并不是直接、简单地追随任正非，他们之间有着许多中介、层级和中间环节，需要解决认识和事件层面的种种问题。

两个基本问题，就是华为与任正非、华为与商业环境之间的关系。

因为组织是将领导者和追随者联系在一起的唯一纽带，是领导力赖以存在、得以进行的唯一实体，这个组织就是华为。客观环境则是任正非发挥领导力的活动舞台，同时也影响和制约着任正非和华为员工们的思想和行为。这个环境既包括微观也包括宏观，微观就是华为内部，宏观则包括政治、经济、文化、科技、社会、历史等。

"博学之，审问之，慎思之，明辨之，笃行之"，《礼记·中庸》所提出的原则，也是我们研究、学习任正非领导力哲学所需秉持的精神。

光与气的隐喻

如果说"一桶浆糊粘接世界智慧"，讲的是不同文化间的融合方法论。那么"一杯咖啡吸收宇宙能量"，讲的就是不同文化间的交流方法论。

任正非鼓励高级干部、专家等多参加国际会议，在国际会议中间休息时，端杯咖啡到处走走，碰到什么人就随意交流几句，在不经意中获取别人的思想。他说："回来写个心得，你可能觉得没有什么，但也许就点燃了熊熊大火让别人成功了，只要我们这个群体里有人成功了就是你的贡献。""公司有这么多务虚会，就是为了找到正确的战略定位。这就叫'一杯咖啡吸收宇宙能量'。"

为什么是咖啡而不是茶呢？这是一个形象的说法，茶更具东方韵味，而咖啡是西方象征。这也可看作全球化的隐喻、东西方哲学的交流。

西方文明，是以两希文化（希腊、希伯来）为基础，因此西方哲学可以看作光的形而上学。《圣经》中有"上帝说要有光，于是便有了光"。希腊哲学中，有柏拉图在《理想国》里著名的"洞穴隐喻"——用光、影、洞穴来描述对人类知识的基本理念。对光的本质的追求（波粒二象性），则成为推动物理学发展的动力。

相比较而言，中国哲学是气的形而上学。无论是宋学还是汉学，理学还是道学，"气"始终是中国哲学的基本概念之一，区别仅在于"理"是第一性，还是"气"是第一性。中国传统哲学的"理"涵盖了物理、伦理和道理，"气"通常是指一种极细微的物质，被看作构成世界万物的本原或原始材料。

换句话说，西方文化精神的内涵，是学以致知。中国文化精神的内涵，是学以致用。

这种文化基因的区别，为我们提供了三组剖析任正非领导哲学的视角。

一是"求知"与"求用"的辩证关系。

中国人特别强调人自身的训练，而不屑对外物的依赖，长期以来对科学技术的发展处在一种很矛盾的状态。一方面，非常重视劳动技能的提升，留下了"庖丁解牛""多能鄙事""熟能生巧"等故事和佳话；另一方面，又强调"君子不器"，将科技视为"奇技淫巧"。

二是"个人"与"集体"的对立关系。

这种关系带来了东西方的文化冲突，比如在中国文化中，谦虚是基本品格。不论受到何种赞美，人们总是习惯礼貌性地推辞、转移话题。即使当一个人的成就已经得到了多数人的认可，他仍要将这些获得的赞誉"归结"于其他人，比如"我很幸运"或"这归功于我的父母、老师、领导和同事"。但在西方人看来，这种表达方式是"不真诚"的。

换句话说，东方哲学以在整体中定义个体为典型，西方哲学主张独立的个体形成群体。

三是"原则"与"灵活"的矛盾之处。

西方哲学对"绝对真理"的强调，天然具有超越性，从而让西方文化形成了一种自我的逻辑——自己能够解释自己，自己能够为自己的合法性辩护，自己能够为自己开辟道路，即所谓的"内在性"。

中国哲学里，"一气分阴阳、阴阳互生长"是底层逻辑之一，中国文化历来强调融合、包容，所谓"聚四海之气，借八方之力"。

换句话说，西方哲学强调观念、逻辑上的精确一致，典型的西方人强调原则；东方哲学更能包容不一致甚至相悖的观念，典型的中国人强调灵活适应。

综上所述，"光"与"气"的隐喻是我们理解任正非领导力哲学世界观的一把钥匙，"咖啡"与"浆糊"则是学习任正非领导力哲学方法论的两个关键点。"求知"VS"求用"、"个人"VS"集体"、"原则"VS"灵活"是我们解读任正非领导力哲学的三个视角。

先知与圣贤

东西方不同的文化基因，形成了东西方对领袖不同的心理文化需求。简单来说，就是西方理想的领袖，应该是先知；而中国理想的领袖，应该是圣贤。

先知，是西方文化中一类特殊的人群，其对未来的描述来自造物主的启示。他们以预言的方式记录历史、评判道德、约束人们的行动，以信仰为沟通媒介，并以此定位自身的责任和角色。随着历史发展，先知的形象由最初全能全权型的领袖，逐渐过渡到专能专职型的导师，最后变成预言被人们拒绝但仍矢志不渝的坚信者形象。

这个信，是信仰的"信"，所以西方古典文化中的领袖，都会强调其是"虔诚的上帝信徒"。

圣贤，即圣人和贤人，指的是品德高尚、有超凡才智的人。古人对圣贤的要求，有两个非常基本的维度：一是"言足法于天下"，即具备奠基和引领思想文化的基本路径、基础原则和方向意义的人，如孔子、孟子；二是"德配天""若天之司""博施于民而能济众"的人，即尧舜禹汤、文武周公式的"圣王"，是治理天下、继承开创文化制度的人。

所以圣贤的信，是"信念"的信，"子不语怪力乱神"，但相信"天不变，道亦不变"。

这也引发了东西方对"变"的不同看法。

西方把"变"看作神的恩典，它不需解释只需探索，而研究科学、发现自然之理就是一种信仰，是接近神的一种方式。

中国把"变"看作世界的常态，但相信变中有不变的东西，所以强调融合、包容、实用。这种对"不变"的追求，即所谓的"内圣外王"，相信通过自身的修炼可以达到"外王"的境界，所以强调"君子不器""天行健，君子以自强不息"，所以认为技术是身外之物，鄙视"奇技淫巧"。

华为发展过程中经历过多次转型，这种"变"与"信"的不同理解、辩证统一，是解读任正非领导哲学的一条主线。

海盗文化与工具理性

海盗精神在西方文化中源远流长。苹果公司创始人乔布斯，极为推崇海盗精神。创办苹果时，他在办公室挂了一面海盗旗，并声称："做一名海盗，比参加海军更有趣。"并要求手下团队像海盗一样行事。乔布斯对海盗的理解是："忘掉一些规则，尽可能地以最极端的思维方式来思考。"

西方的思想变革催生了工具理性。它通过实践的途径确认工具（手段）的有用性，从而追求事物的最大功效，为人的某种功利的实现服务，是一种以工具崇拜和技术主义为生存目标的价值观。

现代科学本质上是存在于工具理性结构之中的，工具理性让技术开始进入认知理性的超越视野，并成为现代科学观念的一部分，现代科技出现，科学成为新宗教，技术也迎来了爆发式跃进。工程师、高级技工、工匠在东西方文化中的地位不同，与此息息相关。

理解了"海盗文化"和"工具理性"，才能真正理解任正非在引入IBM全套管理工具时为何强调"先僵化、再优化、后固化"，为什么在创业初期要强调"土狼文化"，以及华为强调学习西方，到底在学什么。

知行合一与革命精神

"知行合一"是明代王阳明心学的核心观点。王阳明心学的思想，为日本"反锁国、反封建""求维新、求主权"的主张提供了思想武器。阳明心学中"知行合一",强调人的意志、精神、实践和实际行动相统一,深刻影响了日本的明治维新,开启了日本学习西方、建立民族国家的进程。

中国的现代化转型更强调实事求是的革命精神。改革开放后,特别是在加入世界贸易组织后,中国从实际出发,遵循比较优势规律,从全球化中受益良多。2013年,中国提出"一带一路"倡议,为全球治理提出了不同以往的方案。2017年党的十九大报告,更是把推动构建新型国际关系、推动构建人类命运共同体作为新时代中国特色大国外交的总体目标,为全球化的发展开启了新的思路。

至此,在东西方文明的碰撞中,"西方领导东方"开始转变为"西方遇到东方",而华为则是这一过程中涌现的中国企业的优秀代表,必须站在这个高度来认知、学习任正非的领导力。

从"七国八制"到"巨大中华"(巨龙、大唐、中兴、华为的简称),从狙击港湾、死掐中兴到亮剑思科、挑战北电,从追赶爱立信到走进"无人区",从CT、IT到ICT,从2G时代到6G时代,从国内市场到国外市场,从"下一个倒下的是不是华为"到"一企敌一国",某种程度上,华为的发展历程像极了中国现代化的艰难转型,没有实事求是的革命精神,以及知行合一的坚强意志和勇敢实践,是不可能走到这一步的。

这是研究任正非领导哲学内驱力的起点。

执两用中的任正非领导哲学模型

任正非领导的华为,是一家高度国际化的公司。学习、研究任正非的领导哲学，首先要理解中西领导力方面的区别。

最初，西方是封建社会，血统论深入骨髓，又受到达尔文进化论的影响，领导力被认为是可遗传的，帝王将相、贵族骑士中的男性被认为天生就拥有非凡的领导力。20世纪初期，特质理论兴起，认为领导者具有一定特质或性格，以区别于普通人。20世纪中期，行为理论诞生，更强调领导者的行为、技巧和风格。20世纪六七十年代，情境权变理论风行，领导者被认为是情境的产物，现今企业招聘流行的"无领导小组讨论"和"情境模拟"，就是基于情境权变理论的产物。

但这些理论都忽视了对"追随者"的强调。从这一角度出发，20世纪80年代后诞生了魅力型领导力、交互式领导力、真诚领导力、学习型组织领导力等影响较大的理论。

形形色色的理论中，最为经典和深邃的，是西方管理学的集大成者，被誉为"大师中的大师"的德鲁克对领导力的看法。他说："领导力就是提升一个人的视野，使之高瞻远瞩；提升一个人的业绩，使之出类拔萃；提升一个人的品性，使之超凡脱俗。"

在他看来，领导者的唯一定义是有追随者的人，因为他们引人注目，所以要树立榜样。领导力不是职位、特权、头衔和金钱，而是责任。广受欢迎不是领导力，成果才是。

如果说，1978年美国教授霍林达经典的三环图（如图2所示），定义了西方领导力研究的框架；2012年领导大师约翰·麦克斯韦尔的《领导力的5个层级》，研究了西方领导力进阶的路径；那么，德鲁克则描述了一个领导者应该具备的核心素质：愿景视野、专业绩效、品格素质。其观点振聋发聩、历久弥新。

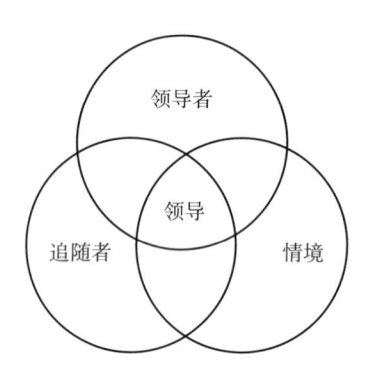

图 2　霍林达经典的三环图

近年来，随着互联网企业的影响力不断扩大，学术界出现了对海盗文化的领导力研究。哈佛商学院教授、首席研究员弗朗西斯卡·吉诺，就曾在《哈佛商业评论》上发表过名为《为什么海盗有一呼百应的领导力？》的文章。

在承认海盗与暴力、盗窃和混乱有无可争议联系的同时，她强调海盗在领导力方面有三个极具启发性的前瞻性思考：①每个人都有平等的发言权；②主人翁意识强大，任何海盗都可以提出投诉或担忧，而不必担心遭到报复；③重要的是技能和承诺，而不是背景。

当前全球的经济治理中，领导力不足的问题日益凸显，金融危机和地区冲突频频发生，原因之一就是在以"海盗文化"为代表的西方领导力哲学中，过分强调自我成就的导向，忽略了对世界其他国家、其他人群的责任与担当。

从这个角度来说，中国本土领导哲学恰与其形成了融合和互补。具体来说，就是"儒法兼顾，外儒内法"。

儒家领导力哲学的核心，是内圣外王，是立德、立功、立言，以修身齐家始，以平治天下终，领导行为的本质是处理"人"与"我"

的关系，重视品格、价值观和社会责任；法家领导力则以现实为核心，讲的是实力和利益，领导行为的本质是正视现实、解决问题；道家领导力的核心是包容，强调"不自见、不自是、不自伐、不自矜"，领导者要谦虚谨慎、"知其雄，守其雌"。

中国本土领导力的另一个来源，就是以毛泽东同志为代表的中国共产党领导的中国革命，马克思主义中国化的实践，为人民服务的革命精神、实事求是的工作方法，还有"党的领导、武装斗争、统一战线"这三大法宝，等等，都是宝贵的本土领导哲学源泉。

综上所述，我们推导出如图3所示的任正非领导哲学模型。

这一模型，以市场竞争为核心，横向坐标是继承中国领导力哲学传统和现代精华，立足博大精深的中华文明，外儒内法、知行合一，并以大无畏的革命精神应对变化、直面竞争；纵向坐标是拥抱西方商业文明的成就，接受现代化、全球化和市场经济的洗礼，学习工具理性、扬弃海盗精神，在变化中调整组织、文化和制度，并向世界贡献中国的经营智慧、商业哲学。

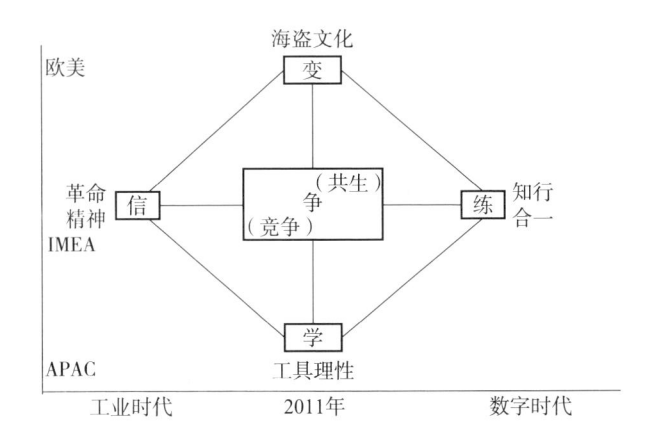

图3　任正非领导哲学模型

《中庸》有云:"执其两端,用其中于民。其斯以为舜乎!"意思是根据实际情况,掌握分寸,采取中庸的方法处理事情,是舜成为舜的原因。任正非的领导哲学,横跨中西,但又是完全本土化的,堪称尚和去同,执两用中。

这个"两",是东西方哲学,而这个"中",则更偏向中国哲学。

从中又诞生两个子模型:一是整合儒法道兵的竞争哲学模型(见第九章);二是强调"四信合一"的价值观领导模型(见第十章)。前者强调外部竞争,后者强调内部驱动。

横轴与纵轴,亦可看成时空的变化。横轴以2011年为分界点,这一年华为开始从单一的以运营商为中心转向组建三大业务集团(Bussiness Group,BG),意味着华为开始从工业时代的竞争进入数字时代的竞争;纵轴以市场区域为界,表现华为从本土、APAC(亚太地区)起步,通过国际版"农村包围城市",经由IMEA(印度、中东和非洲)打入欧美市场。

从存在论的角度来说,任正非领导哲学可总结为"我炼故我在",信、变、练、学、争是"炼"的具体场景。我们将其总结为20个字:执两用中、蓄气追光、守信应变、内练外学、亮剑共生。

接下来,我们结合华为的发展历程,从十个方面总结任正非领导哲学的内涵。

2

个人篇

HUAWEI

第一章　真北 VS 立志：君子以自强不息

从 1987 年到 1995 年，华为用了不到 10 年的时间，员工从 6 人增至 1750 人，销售收入从 0 元攀升至 15 亿元。对华为而言，这段时间虽然发展速度惊人，但仍只能算创业期，企业发展的主旋律是"活下来"。正如鸿海董事长郭台铭所言："阿里山上的神木之所以大，四千年前当种子掉到泥土里时就决定了。"华为成长为世界级科技企业的很多因素，已经在这一阶段浮现。

众所周知，任正非创办华为是被"逼上梁山"，在走投无路之下的举动。

这种"未曾长夜痛哭者，不足以语人生"的经历，很多创业者曾感同身受。但为什么同为创业者，任正非就能杀出重围、摆脱困境、实现逆袭呢？

两个字：信念。自强不息的信念感，是我们研究任正非领导力的起点。一个典型的例子，就是华为这个品牌名称的由来。

任正非曾说："当初注册公司时想不出名字，看着墙上'中华有为'的标语挺响亮，就拿来用了。"看似轻描淡写，其实举重若轻。

华为英文名的转变也是如此。当华为走向海外时，曾一度考虑过改名，因为老外不认识"uaw"这样的字母组合，经常发成Hawaii，甚至读成"霍为""夏威夷""胡埃为"。

后来，思科在美国状告华为侵权，华为打赢了官司，但被美国政府以安全为由禁止在国内销售。华为决定不改名了，直接用汉语拼音，从之前的开头字母大写改成全大写（如图1-1所示）。任正非要教会世界"Huawei"怎么读。

Huawei Technologies	HUAWEI	HUAWEI
1987—2006年	2006—2018年	2018年3月至今

图1-1　华为的标志变迁

资料来源：根据公开资料整理。

领导者的困惑

"创业真不是人干的事情！"在当了老板之后，总会有焦头烂额、欲哭无泪的时刻。面对纷繁复杂、瞬息万变的世界，你永远都无法做好万全准备，永远都在迷雾中摸索、混乱中决策。雪上加霜的是，世界已彻底进入"乌卡"（VUCA）时代。VUCA是波动性

（Volatility）、不确定性（Uncertainty）、复杂性（Complexity）、模糊性（Ambiguity）的缩写，现已被广泛用于描述今天这个充斥着"黑天鹅""灰犀牛""野蛮人"的现实世界。

你永远不知道，明天与意外哪一个先来。

社会不讲道理地裂变式创新，不断超越你和决策团队的认知边界，你在决策和进行价值判断时总是"力不从心"。如何才能练就透过表象看到本质的洞察力？怎样才能从越来越多的岔路口中选对唯一正确的那条路？是否能够在一片反对声中做那个坚定、正确的少数派？

任正非就是一个"先知式"的典范。

杀入巨头林立的电信业、排除万难选择自研交换机、拿远超出市场价的高薪吸引第一流人才、制定《华为基本法》、创办华为大学、投入数年的纯利润向IBM学管理、进军海外市场、组建红蓝军对抗、提前数年布局芯片产业……这些重大决策，当时看都是异想天开，事后品却深感万幸。

任正非是怎么做到的？为什么他有如此超前的视野和如此卓越的思考力？

因为普通人做战略决策，是进行"价值"判断，而任正非进行的是"价值观"判断。

任正非的案例

正如彼得·德鲁克被誉为现代管理学之父一样，沃伦·本尼斯是当之无愧的领导力之父。在他看来，最危险的观点就是把领导力看成与生俱来的天赋,这简直荒谬。

领导力源于真诚。正如心理学家威廉·詹姆斯在一个世纪前所写下的:定义一个人性格最好的方式,就是找出他内心深处最积极、最活跃的精神活动和道德判断。

讲述任正非早年经历的权威文本,就是他饱含深情在华为内部发表的两篇文章:2001年2月,发表于《华为人》报第114期的《我的父亲母亲》;2011年12月,发表于华为内部论坛的《一江春水向东流》。

这两篇文章,让我们得以较为全面地了解任正非的早年经历和价值观的形成。任正非的人生经历,就是其信念感的基础,塑造了他看待世界的态度。当按照自己的价值观行事时,任正非的生活经历与其领导行为保持了惊人的一致性。

举几个简单例子:

(1)任正非的父母,终其一生追随革命,这让任正非认识到,革命的中坚分子在一个社会中是少的,普通人能以革命的名义无私无畏地工作,就是国家与社会的栋梁。任正非认为需要建立一种机制,以物质文明来巩固精神文明,充分发挥普通人贡献的积极性。创办华为后,他愿意用高薪聘请大学生,对待员工也较为宽松。但在干部选拔方面很严格,只选拔有敬业精神、献身精神、责任心和使命感的员工进入干部队伍,对高级干部更是严格要求。

(2)任正非父母都是老师,父亲更是高级知识分子、专科学校校长。即使在三年困难时期,任正非的父母仍然坚持让孩子读书。在"读书无用论"甚嚣尘上的时候,父亲叮嘱任正非:"知识就是力量,别人不学,你要学,不要随大流。"这激励着任正非一路前行,在学好专业课的同时，他还自学了逻辑、哲学和三门外语。

创办华为后，任正非极为重视教育培训，尊重专家老师，很早就设立了华为大学，建立起庞大的专家队伍和体系，并强调要广交朋友，不能闭门造车。

（3）任正非创建华为时，决定采用员工持股制度，他当时并不懂期权，也不了解各种员工激励机制。但父母从小言传身教的"不自私"、当兵后对"团结就是力量"政治内涵的感悟，以及父亲对他这一决定的大力支持和赞赏，促使他做出这一决定，为成就华为伟业奠定了关键一步。

（4）任正非当过兵，也是一名共产党员。作为军队代表，他参加过全国科技大会。"听党指挥，作风优良，能打胜仗"，已深深融入其灵魂和血液。创办华为后，任正非始终在向解放军学管理。三三制、红军蓝军、"让听得见一线炮火的人决策"等，都是他常用的军事用语和军事思维。

"价值观决策"是任正非眼光宏大超前、决策准确果断的真正原因。

任正非的启示

自2007年以来，真诚领导成为领导力研究领域最热门的话题，贡献了一个经典的概念：真北（North）。它是领导者内在的指南针，源于其最真实的价值观、信仰和领导原则，引导你走向自己的人生使命。如图1-2所示。

真北　领导的目标

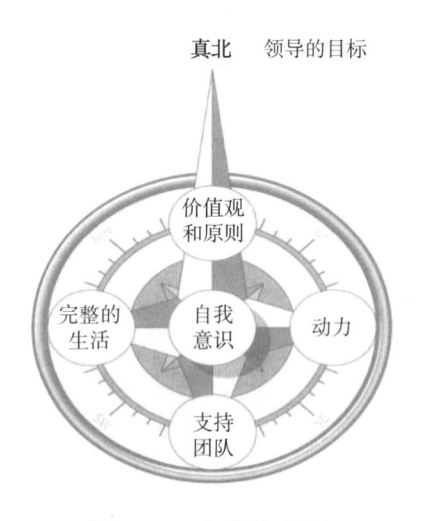

（图：价值观和原则、完整的生活、自我意识、动力、支持团队）

图 1-2　真北校准图

资料来源：《真北：125位全球顶尖领袖的领导力告白》，比尔·乔治、彼得·西蒙斯著，广东经济出版社，2008年第一版。

找到真北、坚持真北并不容易，因为真北的本质就是价值观决策，而没有经过现实磨砺的价值观是不稳定的。

图1-2这张经典的"真北校准图"，是帮助你坚持真北、识别自己是否偏离轨道的实用工具。

缺乏自我意识，会成为马基雅维利的忠实信徒，是深谙升官发财秘诀、不喜欢自我反省的冒充者，抑或是害怕失败、喜欢推卸责任的狡辩者；没有内心动力，就会沦为忽视长远价值、用外界评价和金钱权力定义自己的名利狂；没能成功建立起自己的支持团队，就会变成生硬追求个人目标、不肯面对合理质疑的孤独者；缺乏完整的生活，就会变成没有时间留给家人、朋友，甚至自己，起初事业发展极其迅速，但最终会因把握不了工作和生活之间的平衡，迅速坠落的"流星人"——包括任正非在内，很多曾经陷入严重抑郁的企业领导者犯过这个错误。

一言以蔽之，领导者不是无所不能的英雄，要避免行事以自我为中心，学会授权。

真北虽然是很好的价值观决策工具，但因其扎根于西方哲学思想，充斥着工具理性味道。它在发挥人的主观能动性方面稍有欠缺。

中国自古强调的"立志"，在这方面为其提供了很好的补充，例如"三军可夺其帅，匹夫不可夺其志""志不立，天下无可成之事。虽百工技艺，未有不本于志者"等。孔子的"吾十有五而志于学"，王阳明的"立志是人生第一等大事"，毛泽东的"男儿立志出乡关，学不成名誓不还"，周恩来的"为中华之崛起而读书"，这些都说明了目标志向与人生成就之间的关系。

立志要注意什么？《论语》中的一个故事，时隔两千年依然能给我们深刻的启示：

孔子让他的学生子路、冉有、公西华、曾晳分别谈谈志向。子路说，他的志向是治理一个夹在大国之间遭受侵略、饥荒，但仍有1000辆战车的国家，他只需3年时间就能让国富兵强。孔子听了微微一笑，没有表态。冉有说，给他一个六七十里或五六十里的地方，他只要治理三年就能让这里的百姓富足起来，但修明礼乐就要靠其他更贤能的人了。公西华则说，自己不敢有更多奢求，愿意学好宗庙祭祀的学问，能在类似诸侯会盟、朝见天子的场合做一个小小的礼仪官就好。

孔子依然笑而不语，直到曾晳说："莫春者，春服既成，冠者五六人，童子六七人，浴乎沂，风乎舞雩，咏而归。"孔子听后点头赞叹，说自己的志向与曾晳一样。

孔子赞叹曾皙，是因为他认为子路太片面，治国不注意"礼"；冉有貌似谦虚，但太高看自己，春秋时期，五六十里的地方已经是一个小国家了；公西华则太不自信，如果他只能做祭祀场合的小相，谁又能做外交场合的大相呢？

只有曾皙的志向，是着眼于人民的幸福而非国家的强弱，体现出礼乐治国的理念，非常接近孔子心中"老者安之、朋友信之、少者怀之"的理想国。

他们4人的方案是一个连贯的治国方略。强兵、富国、外交当然很重要，但曾皙点明了国家发展的根本目的，以及国家盛衰的最终体现。他的志向要想实现，必须经过子路、冉有、公西华的铺垫。

了解了这些，或许才能理解任正非对华为的期待。

在华为内部的讲话中，任正非曾多次讲述"抬石头"和"修教堂"的故事：有两个青年在抬石头，一个智者问他们在干什么，一人说自己在抬石头，另一人说在修教堂。30年后，说抬石头的人还在抬石头，说修教堂的已成了哲学家。

任正非强调，华为每天都在"修教堂"，但这只是华为的发展目标，所做的事情还是"抬石头"。

任正非是这样说的，也是这样做的。

1987年，华为成立初始，任正非就提出要把华为建设成为中国通信行业的领先企业，尽管当时的华为还没有完整的研发团队；1992年，在华为仅有60多名员工、销售收入不足1亿元之时，任正非再次提出华为要超过四通集团——年销售收入20亿元、当时的中国信息技术（IT）业标杆企业，华为在3年后完成了这个目标；1996年，任正非提出："未来通信制造业三分天下，必有华为一席。"如今，华为已是行业第一。

"立志"的重要性不言而喻。

我们要如何行动？

需要强调的是，价值观不是道德准则，道德准则对每一个人都一样，但切忌用自己的价值观随意判断一个人或一个组织。西方人常说的"Don't judge me"，本质上也是这个意思。

道德只是价值体系的一部分，对一个组织的价值体系来说尤其如此。如果一个组织的价值体系不为员工所接受，员工就会备感沮丧，放大可能并不存在的工作挫折。

德鲁克曾是一名成功的投资银行资产管理人，工作出色，上司也很器重他，但他并不快乐，因为他发自内心地认为：生前忙于赚钱、死后成为所在墓地中最大的富翁毫无意义。尽管当时处于美国大萧条时期，他没有钱，也没有任何就业前景，但他还是选择听从内心召唤，辞去工作投入对人、公司和社会的研究。事实证明，他的选择是正确的，没有这个决定就没有后来的西方管理学。

对于企业也是如此，如果一个企业的价值观是规模效应，另一个企业的价值观是用户至上，表面上看是经营模式不同，其实是公司价值观的差异。

为了在组织中取得成效，个人的价值观必须与组织的价值观相容。两者的价值观不一定要相同，但必须相近到足以共存。否则，身处组织中的个人会感到沮丧，也做不出成绩。

第二章　守信&应变：做难而正确的追光者

彩色玻璃窗，在欧洲建筑史上发挥了关键作用。在没有印刷术的时代，除了教士口述，刻在教堂玻璃上的圣经故事画就是最重要的传教工具。丹纳在《艺术哲学》中充满激情地写道："从彩色玻璃中投入的光线变成血红的颜色，变成紫英石与黄玉的华彩，成为一团珠光宝气的神秘的火焰，奇异的照明，好像开向天国的窗户。"

人们通过神父、牧师的讲解来接触《圣经》，通过玻璃画艺术来了解人物、学习知识，精心设计的光线艺术又赋予了这一切神圣的色彩，让人精神愉悦。

赋予光哲学意义的，还有大科学家爱因斯坦。从16岁起，爱因斯坦就开始思考如果追逐空间中的一束光，会发生什么。经过长期思考，他构建出了著名的"追光实验"。该实验成为狭义相对论的基础，动摇了牛顿的绝对时空观，古典物理学就此轰然倒塌。

追光者因此成为一个意向，指目标远大、脚踏实地、不受外界影响，坚持做"难而正确的事"的志士。

任正非，就是一位追光者。

领导者的困惑

企业领导者经常觉得自己是世界上最孤独的人。

世界越来越混乱，人心越来越复杂，曾经的成功经验没几年就成了制约自己发展的枷锁。刚开始的时候，生活是一条直线，自己的目标会非常清晰，但随着个人经历不断增多，受到外部世界的影响也越来越大。

《列子·说符》中有一个"歧路亡羊"的故事：杨子的邻居丢了一只羊，于是带着亲戚朋友一起去追羊，但无功而返。杨子很奇怪为什么这么多人也没找到一只羊，邻居说因为有很多分岔路，所以不知道羊逃到哪里去了。

杨子听后很忧郁，长时间不说话，一整天都没有笑容。学生孟孙阳问他为什么，他讲了一个众人拜师学游泳的寓言，以比喻的方式告诉孟孙阳：大道因为岔路太多，追羊的人无功而返，求学的人因学游泳的方法太多而丢了命。大家学习起点都差不多，但结果却千差万别。

只有回归根本、找到本质，才能不迷失方向。企业经营也是如此，选择似乎越来越多，但认清自己、搞好企业却越来越难。企业经营者到处学习，不断调整自己、提升认知，但懂得的道理越多，人也越迷茫。好不容易想明白了一件事，却发现从高管到员工都不支持……

怎样才能拥有坚定的意志，实现跨界创新、底层逆袭？

如何才能胸有激雷而面若平湖，在突如其来的变化面前不被情绪裹挟？

假如遭遇事业和生活的双重暴击，你是否能积极面对、有信心从头再来？

一旦"屋漏偏逢连夜雨，船破又遇打头风"，你能否气定神闲、初心不改地沉着应对？

任正非近乎完美地解决了上述问题。

从一无所有被迫创业，到杀入电信行业，直面七国八制；从被控非法集资，到参与国际竞争，勇敢跟思科打官司；从遭遇女儿被囚，到直面西方封锁……

令人惊叹的不仅是那些杀不死华为反而使其变得更强大的经历，还有任正非一以贯之的信念、积极应变的超强领导力，以及始终坚持做"难而正确的事"。

英特尔创始人、"硅谷最伟大的管理者"安迪·格鲁夫有句名言："只有偏执狂才能生存"，这句话被很多企业高管奉为人生信条。这里的"偏执狂"，本意是信念强大到无视一切困难的意思，也即别人眼中的"疯子"。在成为中国企业家标杆之前，任正非有很长一段时间被内外都看作"疯子"。

任正非的案例

20世纪80年代，世界交换机厂家从34家减少到17家；20世纪

90 年代，北电、NEC 等著名公司也步履艰难；21 世纪，摩托罗拉、朗讯、北电、诺基亚等巨头或倒下，或重组，或剥离……国内曾经并称的"巨大中华"，也只有华为一骑绝尘。

"我们就像一只蚂蚁，站在大象脚下，喊着要长得与它一样高。"在接受法国《世界报》采访时，任正非说："和我们一样傻，走上电信行业的公司有几千家、上万家，也许他们早认识到自己的傻，所以转到别的行业后获得了成功。"

通过大胆起用郑宝用这样一个研究激光的外行、李一男这样刚毕业的大学生，再加上任正非这个"傻子"，华为硬是靠万用表、示波器这些简陋工具，带着一群刚出校门的大学生，研发出了对标世界先进水平的 C&C08 交换机。

郑宝用后来回忆说："自己当时真是无知者无畏。全世界没有像华为这样搞科研的公司，同时采用多项新技术，没有样机借鉴，从头开始设计，幸亏成功了，一旦失败后果不堪设想。"

华为的海外拓展史，催人奋进、血泪斑斑，尤以俄罗斯市场最具代表性。1996 年，华为进军俄罗斯，这是华为第一次出海。

然而，1996 年，华为一无所获；1997 年，依旧一无所获；1998 年，还是一无所获。1999 年，华为终于接到订单——38 美元。38 美元！此外，1997 年俄罗斯经济陷入低谷，卢布大幅贬值，西门子、阿尔卡特、NEC 等公司纷纷从俄罗斯撤资，俄罗斯电信市场投资也几乎停滞。可任正非依然没有放弃，反而加大对俄罗斯市场的投入。1999 年，华为在俄罗斯建立了专门的算法研究所，要知道，这是在销售额为 0 的情况下，设立基础研发机构，华为此时也只是一个尚未度过生存期的民营企业。

任正非锲而不舍的坚持,让华为获得了回报。2001 年,华为与俄罗斯国家电信部门签署上千万美元的 GSM 设备供应合同;2003 年,华为在独联体国家的销售额突破 3 亿美元,几乎占到当年华为整个海外销售的 1/3。

2018 年起,美国接连对华为实施了五轮制裁,并在第四轮制裁中,直接将华为列入实体清单,在未获得美国商务部许可的情况下,使用美国技术的企业将无法向华为供应产品。

2019 年 7 月,意大利《共和报》记者曾问任正非:"美国随时有可能停止关键部件对华为的销售,对于技术厂商来讲相当于判了死刑,华为能独立于这些美国供货商吗?"

任正非给出了掷地有声的回答:"我们现在就能完全独立,不依赖美国而持续为客户提供服务。并且越先进的系统,我们越有能力独立生产。"自十几年前起,华为就在默默做芯片、搞研发,在本行业逐步攻入无人区,同时在全世界建了 26 个能力中心,聚集了一大批世界级优秀科学家。任正非强调说,中国的芯片设计已步入世界前列,问题出在基础工业等领域急需发展。

沧海横流,方显英雄本色。以上几个事例贯穿了华为的过去、现在和未来,我们不难看出,任正非的领导思路高度一致。他从未失去过信念,也接受变化的现实性和不可避免性。

守信应变,立足长远、活在当下,做"难而正确的事情",是任正非"追光"的核心,也是我们在变幻莫测的乌卡时代避免"歧路亡羊"的关键。正如美军上将马丁·邓普西的名言:"要让打胜仗的思想成为一种信仰,没有退路就是胜利之路。"

任正非的启示

为什么要做"难而正确的事"?

因为做大事和做小事的难度是一样的。两者都会消耗你的时间和精力,所以如果下定决心做事,就要做大事,要确保你的梦想值得追逐,未来的收获可以配得上你的努力。

如果你足够渴望一件事情,即使客观条件一般,你也总会找到方法达成所愿。只要你努力,只要你坚持,就会变不可能为可能,就会功到自然成。

然而,仅仅有欲望是不够的。追求高难度目标,难免会事与愿违、不得其所。这是志存高远的代价之一。在变幻莫测的世界中,我们更要找到支持自己"做大事"的信念所在。

任正非的应变,让我们看到了他的信念。任正非的信念大致可概括为以下几点:

1. 相信自强不息,也相信天道酬勤。

1995年,在华为内部的总结大会上,任正非谈到了为什么要自主研发交换机。当时,中国由计划经济转向社会主义市场经济,大量的政策法规还未起草,国内工业的体制、技术改造尚未完成,便开始不断通过优惠政策吸引外资,不断扩大开放。合资浪潮此起彼伏、急于求成。

任正非认为,没有自己的科技支撑体系,工业独立是一句空话。而没有独立的民族工业,就没有民族的独立。

民营企业只有依靠自我奋斗,靠与其他国产交换机厂商团结一致,才能共同抵抗外国厂商的绞杀。"只有敢想才能敢干,只有敢于革命，才能善于革命。华为起步时，哪懂什么交换机？还不是靠几个人、几杆枪搞出来的……"

2. 相信科技的力量，也相信市场经济。

华为俄罗斯研究所没有辜负任正非的期望。该研究所刚成立不久，就先后突破了移动网络的几个特殊"瓶颈"，通过软件和算法打通了 2G、3G 和 4G 网络，使华为成为全球第一家实现 GSM 多载波合并的公司，为华为在俄罗斯乃至整个海外市场的起飞奠定了基础。

华为仅用了 20 多年就成长为国际化企业，很多人认为华为采用的是低价战略，任正非却说，华为是靠领先的技术和产品打进国际市场。而与其处于竞争关系的海外巨头，甚至在法庭上作证：华为并没有在海外搞低价倾销。

高科技产业的本质是变化快，技术、产品更新换代的频率越来越高。特别是电子产业，平均 3 个月就会刷新一次。

计划经济体制很难适应这点，任正非因此成为市场经济的拥护者，认为民营公司决策快、行动迅速的特点是其重要的竞争优势，"民营的核心是自主决策，自主承担全部责任，这也将为企业带来源源不断的推动力"。

任正非曾以日本为例，向公司全体人员解释华为成功与失败的原因。20 世纪 80 年代，日本的电子工业革命非常成功，但正因为太成功了，资本在模拟电子技术领域投资了几千亿元，结果在数字电子技术兴起后，日本完全没有动力抛弃模拟电子技术，因此被美国反超。

日本发现决策失误后，决定做超越时代的更为先进的产品，如第五代计算机，结果掉进了一个更大的陷阱。20 世纪 90 年代初，日本制造出基于异步转移模式的400G的ATM交换机，并率先投入中国香港市场，但却并未获得成功，因为它过于超前，领先了客户需求，而过渡时期的产品才是客户当时真正的需求。

"华为是在日本错误的决策下成长起来的，我们技术不如他们，但我们有客户需要的过渡产品。"任正非认为，领先者并不一定是最后的胜利者，尤其是技术领先者，因为技术领先需求的速度越来越快，而不是越来越慢。"以客户为中心"就此在华为生根发芽，并一直延续到今天。

3. 相信党和国家，也相信全球化大势所趋。

华为海外拓展早期曾有过这样的一个说法：先要学会"推销国家"和"推销公司"，之后才是"卖产品"。

以俄罗斯为例，为了加深客户对中国和中国公司的了解，华为不惜代价邀请俄罗斯潜在客户来中国考察，精心安排了华为著名的"新丝绸之路"，即带客人从北京入境，再到上海、深圳，然后从香港出境；或者从香港入境，再到深圳、上海。

华为还印刷了很多画册，取名《华为在中国》，将中国的绿水青山、经典人文建筑等拍成照片，同时附上华为产品的应用情况。华为的这一做法，帮助其开拓了多个海外市场。

"科教兴国"战略的提出也对华为的发展起到了极好的推动作用。华为得到了党中央、国务院、中央各部委及广东省、深圳市各级领导的大力支持。2016年，在人民大会堂召开的全国科技创新大会、"两院"院士大会、中国科学技术协会代表大会上，任正非代表华为进行了汇报发言。

任正非表示，华为正在本行业逐步攻入无人区，处于无人领航、无既定规则、无人跟随的困境；华为创立引导理论的责任已经到来。他说，华为的口号是"先学会管理世界，再学会管理公司"。华为要进一步加强创新，提升核心竞争力，让最优秀的人去培养更优秀的人，为祖国科技振兴而不懈奋斗。

然而，这并不意味着要故步自封。

面对美国打压，任正非坚信全球化是大势所趋，强调坚持自强与国际合作是解决目前困境的关键，华为决不会因美国的一时打压而沮丧，也决不会放弃全球化的战略。华为不仅要搞好"1-10"的工程设计，让产品物美价廉，还要坚定不移地挺进"0-1"的科学研究。

在接受媒体采访时，任正非表示并不赞成片面提自主创新。他强调说，科学家都是自主创新的。在他看来，科学技术是人类共同的财富，一定要站在前人的肩膀上前进，才能缩短迈入世界领先行列的时间进程。

"对于前沿领域的引领性尖端技术，我们根本不知道努力的方向，因而没有全球共同的努力是不行的。"任正非在精神层面支持自主创新，认为最好的支持就是尊重知识产权。

这才是"偏执狂"真正的精神内核，"取法于上，仅得为中，取法于中，故为其下"。没有爱党爱国、自强不息的信念，没有对科技、全球化和市场经济的坚定信念，是无法支撑起做"难而正确的事"的梦想的，到头来只会沦为邯郸学步、东施效颦。

我们要如何行动？

做"难而正确的事"，就要尽可能整合你所有的社会关系，那么有什么能比扎根本土，放眼国际，以科技振兴、产业报国为己任更能凝聚人心，从精神层面更能吸引高学历的知识分子？既然能吸引来一流的人才，又凭什么不给高薪培养、使用和留住他们？

处于困境中的人，往往只关注自己的问题，而解决问题的途径通常在于你如何解决别人的问题。任正非的经历让我们认识到：一个人的信念必须超越自我和个人需求，它可以是自己的公司、祖国或科研任务。

我们都知道，马斯洛经典的"需求金字塔"，但很少有人了解，它已被肯里克的"需求层次理论"覆盖。肯里克模型告诉我们，成为更好的自己，就是一次次从稳定走向突破，从关爱中获得自我成长的能量，以及从个体走向人类整体。

肯里克模型是一个很好的工具，能帮助领导者更清晰地认识自己的需求。但仅关注个人成长是不够的，领导者还要带领组织共同发展（如图 2-1 所示）。

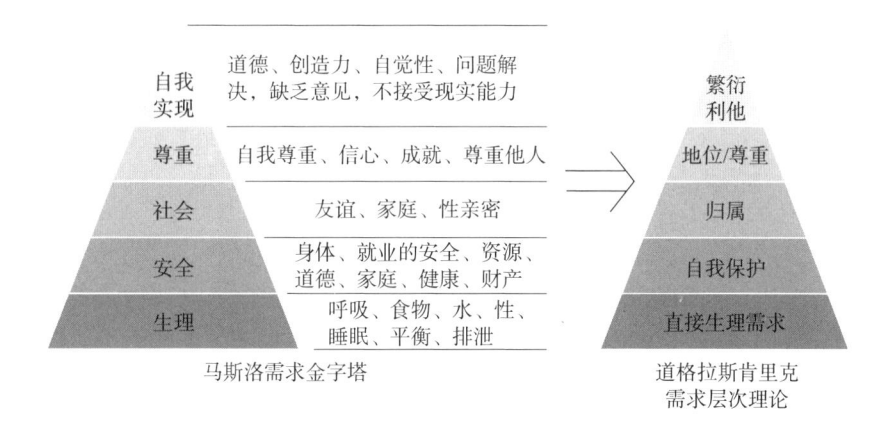

马斯洛需求金字塔		道格拉斯肯里克需求层次理论
自我实现	道德、创造力、自觉性、问题解决、缺乏意见、不接受现实能力	繁衍利他
尊重	自我尊重、信心、成就、尊重他人	地位/尊重
社会	友谊、家庭、性亲密	归属
安全	身体、就业的安全、资源、道德、家庭、健康、财产	自我保护
生理	呼吸、食物、水、性、睡眠、平衡、排泄	直接生理需求

图 2-1 肯里克模型

肯里克认为最高级的需求是繁衍。像是你想为这个世界留下一些知识、财富，你帮助身边的人，或者你致力于保护环境，这都属于"繁衍"的范畴。它解释了一种非常重要的行为利他行为，因为其本质体现了一种社会价值，人与人要相互支持才能共同发展。

企业的发展，从来都不是一蹴而就的，也绝不是做对了某件事，就实现了从生存到发展、从优秀到卓越的转变。企业的发展，如同推动一个沉重的巨轮不断旋转，最终产生突破，令企业可以自发运转。

亚马逊创始人贝索斯经常被问"未来十年，世界会有什么样的变化"，可他却认为，真正重要的问题是"未来十年，什么东西是不变的"。因为企业需要将战略建立在不变的事物上。

他的思考沉淀出了亚马逊经典的"战略飞轮"（如图 2-2 所示）。这个概念最早由管理大师、《从优秀到卓越》一书的作者吉姆·柯林斯提出，是我们经营企业、制定战略的重要参考工具。

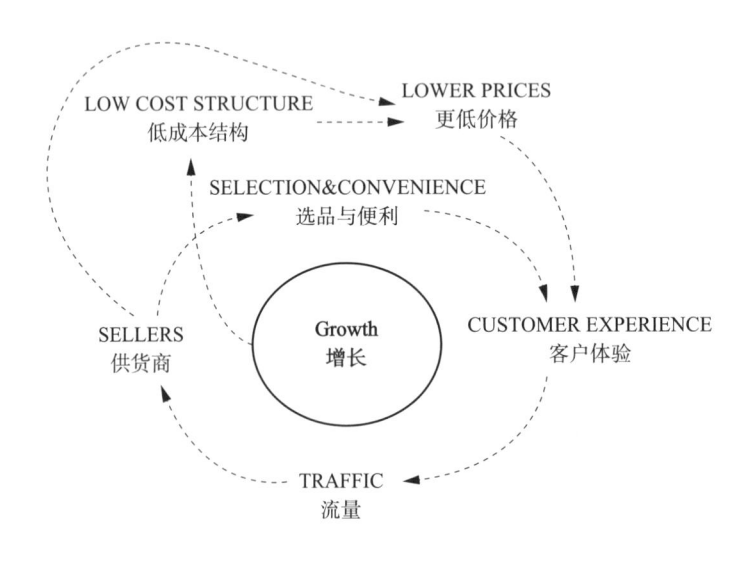

图 2-2 亚马逊的"战略飞轮"

这个飞轮，以增长为核心，包括两层。

飞轮内层是运营逻辑，贝索斯认为：更多的商家带来更多的选择，更多的选择提升了消费者的体验，更好的消费体验带来了更多的流量，而流量的增多又吸引了更多商家入驻。达到某种平衡后，企业飞轮就能自发地运转起来。

与华为一样，贝索斯强调的核心是"长期"和"醉心于消费者"，客户增长、销售增长、品牌发展都是为了长期，他还要求员工们始终对消费者保持敬畏——"消费者们定义了我们的业务，他们是和我们有关系的、他们是我们有所亏欠的"。

飞轮外层是核心竞争力。商品数量"指数增长"后，运营成本就会暴涨。为此，亚马逊三管齐下：一边加大对基础设施的投资；一边提升技术，加强研发；一边引入大量第三方卖家，从而放大规模效应，摊薄了成本、提升了效益。

消费者和第三方卖家的增多、基础设施和技术的资本投入，让亚马逊从自己的固定成本（包括履约中心、服务器等）中获得更多回报。更高的效率又进一步降低了价格，飞轮外圈也跟着转了起来。

"当他动摇整个零售世界的同时，他还动摇了整个IT世界，我要向他脱帽致敬。"2017年，伯克希尔·哈撒韦公司董事长沃伦·巴菲特在接受CNBC专访时，指出贝索斯同时在做两个行业（IT和零售）。

不仅如此，亚马逊还在构建第三个、第四个、第五个飞轮，即AWS（Amazon Web Services，亚马逊云）、软硬件设备（Kindle阅读器、Fire TV Stick电视棒、Echo智能音箱等）、内容（影视游戏、自制剧、流媒体服务和平台）、线下店铺（线下书店、收购全食超市、推出Amazon Go无人超市等）。

华为从"以技术为中心"向"以客户为中心"的转变，本质也是如此。当 3C（computer 计算机、communication 通信、consumer 消费电子产品）融合一步步成为现实，任正非审时度势，带领华为从最初的 CT、IT 再到 ICT 基础设施和智能终端提供商，并从 To B 走向 To C，开设华为商店，成立军团进军能源、金融等 20 个行业。

这其实就是从消费互联网到产业互联网，任正非做"难而正确的事"的实质，就是构建起组织的增长飞轮，以适应"万物互联"的未来世界。只不过，亚马逊是从 C 端走向 B 端，而华为是从 B 端走向 C 端。

但两人的"偏执"是一样的，贝索斯为了构建增长飞轮，忍受了十年以上的亏损，并在一片质疑声中"偏执"地杀入硬件行业。任正非孤注一掷，在"贸工技"大行其道的环境下毅然选择了研发，走高科技民营企业这条注定艰苦卓绝之路。

接下来两章，我们将从组织的角度分析任正非的领导哲学。

总之，一个真正的"追光者"、真正的"偏执狂"，是在坚守内心信念的同时，时刻从顾客和市场的角度来观察自己的公司，思考和践行着德鲁克在《管理的实践》中所提到的三个经典问题：

我们的事业是什么？

我们的事业将是什么？

我们的事业应该是什么？

小结："价值观"红利与长期主义

我们用了两章的篇幅，分析了任正非领导哲学模型最左端的"信"字。它扎根于任正非的个人经历，体现了任正非的人生抱负。

这一部分，我们总结了任正非领导哲学中的两个要点：第一，用"价值观"来决策；第二，懂得长期主义，坚持做"难而正确的事"，以"守信"来"应变"。由此，我们得出两个非常重要的结论：其一，眼界决定境界，思路决定出路，定位决定地位，理念决定道路；其二，模仿千万不能"得其形而忘其神"，创业的最初阶段可以模仿，但到一定阶段后必须摸索出一套本土化、适合自己，并带有创新色彩的思路、技术或商业模式，打造企业自身的核心竞争力和"增长飞轮"。

对追随者来说，基于职位和权力的追随是被动的，基于价值观认同的追随则是主动的，这是任正非能带领 20 万知识分子征战全球的根本原因之一，也是其他企业管理者可借鉴的地方。

如今，"价值观"红利对企业发展越来越重要。

2019年8月19日，包括亚马逊贝索斯、苹果库克等在内的美国181家顶级公司的CEO，共同签署了一份名为"公司的目的"的宣言，声明要同时追求客户、员工、供应商、社区和股东的利益，让每一个美国人都过上有意义和有尊严的美好生活。

本质上，他们重新定义了公司，标志着社会价值战略导向时代的到来。

中国也不甘落后。2022年11月底，国资委印发《关于开展中央企业品牌引领行动的通知》，将品牌引领行动、创建示范行动、管理提升行动和价值创造行动，并列成为推动中央企业加快建设世界一流企业的抓手。文件明确指出，要丰富品牌理念，结合企业使命、愿景、价值观和科学，确立品牌定位。

山寨风潮的退去、新国货品牌的崛起，都说明了在信息越来越透明、消费者话语权进一步提升的当下，价值观决策能获得更多利益相关方的认同，拿到实实在在的商业红利。

这与长期主义相辅相成。微软创始人比尔·盖茨说过："人们总是高估未来一到两年的变化，却低估未来十年的变革。"在不确定的时空中，价值观决策能让你找到内心坚持的信念，"守信"才能"应变"，才能通过科学的方法找到"难而正确的事"，以极大的魄力、勇气和战略定力做到知行合一。

你的信念是什么？你所在的企业正在做的"难而正确的事"是什么？怎样才能找到企业的"增长飞轮"？"争气"与"追光"，也因此成为我们学习任正非领导哲学的起点。

3

组织篇

HUAWEI

第三章　成果 VS 利益："多打粮食"是硬道理

从 1995 年到 2005 年，华为度过了艰难的发展期，迅速成为国内最具竞争力的通信设备制造商，并逐步进军海外，参与国际竞争。

这十年，是华为"置之死地而后生"的重要转折期。从 1995 年前后的内部"诸侯割据"，到 2001 年前后的"华为的冬天"，再到 2003 年的思科诉讼，华为最终成功打入欧洲发达国家市场。2005 年，华为海外营收首次超过国内营收，达到 48 亿美元，占当年公司总销售额的 58%。

士兵们最希望看到的领导者素质，是能力，是打胜仗。仅仅根据个人特性，诸如性格、学问、格调和价值观等因素来定义领导力，是远远不够的。中国古语有云："慈不掌兵，义不聚财。"德鲁克则认为，企业是一个经济组织，经济组织的成果就是经济绩效，这是企业特有的职能和贡献，也是企业存在的理由。

从"打胜仗"角度而言，任正非和华为的成功是毋庸置疑的。但真正值得研究的，是面对波谲云诡、瞬息万变的市场形势和竞争态势，任正非是怎样"以不变应万变"，带领华为不断"从胜利走向胜利"，并打造出一支战无不胜的铁军的。

毛主席教导我们："没有理论指导的军队也能打胜仗，但是，不会永远打胜仗。"

大多数学习华为的人，把目光盯在华为的"狼性""奋斗者""烧不起的鸟才是凤凰"等方面，甚至以此为依据，将其异化甚至堕落为精神操控（PUA）高管和员工的手段。这种对华为成功经验的片面强调，不但是邯郸学步、东施效颦，也误解了任正非领导哲学的真正内涵。

菲茨杰拉德有句名言："一流知识分子的标准，就是能够在头脑中同时持有两个相反的想法，还依然能够正常地思考。"任正非的卓尔不群之处，正在于此。

2007年12月，在与美国前国务卿奥尔布莱特的香港会谈中，任正非第一次将"开放、妥协、灰度"三个词并列在一起阐述，认为这是华为公司从无到有、从小到大、从弱到强快速发展的秘密武器。

在华为2009年的全球市场工作会议上，任正非对华为管理人员进一步强调："坚定不移的正确方向来自灰度、妥协与宽容。我们常说，一个领导人重要的素质是方向、节奏。他的水平就是合适的灰度。"

这是华为能够发展壮大的文化基因，反映在具体的战略和战术上，就是"对准主目标、聚焦主航道"和"方向大致正确，组织充满活力"。但这两点，恰恰是企业经营中最难办到、最难坚持、最难贯彻的，也是我们从领导哲学的高度研究和审视任正非的主要原因。

最典型的体现，就是任正非对"海盗文化"的扬弃，这使他能够在瞬息万变的环境中既保持战略定力，又引领组织保持活力。衡量这一切的标准是绩效，实现这一切的抓手是干部，这也是任正非领导力中最值得深入探讨和学习的部分。

领导者的困惑

美国《财富》杂志有过统计，美国中小企业的平均寿命不到7年，大企业不到40年，每年约有10万家企业倒闭。中国中小企业的平均寿命只有2.5年，集团企业的平均寿命只有7~8年，每年倒闭的企业近100万家。

领导者在关键时刻选择方向的能力很重要。没有遵义会议的伟大方向抉择，就没有革命的胜利；没有改革开放的伟大选择，就没有中国的富强。领导者的威望，基本上是在事关生死的关键时刻做出令人信服的抉择后建立的。

比起"business is always business"（生意就是生意）的美国同行，中国老板的拼搏与努力丝毫不差，犹有过之。但如此大的差距，也不仅仅是"中国市场竞争更激烈"所能解释的。

机会主义、皇帝作风和保守心态，是中国老板们折戟的主要原因和典型表现。

老板们常常感叹，成也机会，败也机会。

改革开放40多年来，社会变化很快，很多人看到的是短期机会，什么赚钱干什么，什么赚钱快就干什么，很容易忽视风险、品质、持续性，更缺乏长期思维，有些人甚至在巨大的经济利益面前放弃一切原则，把企业的兴衰成败押在经济政策的大幅转变上。

任正非也不是没犯过错误，华为早期屡屡在产品和市场方向上出现战略误判，但一旦发现机会偏差，华为就能迅速掉头，集结精兵强将撕开缺口，然后大部队跟进，从而反超对手，赢得"塔山阻击战"式的奇迹胜利。

而且，华为能不受外界诱惑，聚焦主航道，不做房地产。

老板们也常常感叹，世界变化快，人心隔肚皮。

在回顾自己的创业史时，他们总会觉得血泪斑斑，无人可用，也总会感叹自己的员工不能"板凳要坐十年冷""烧不死的鸟才是凤凰"。

但很少有人认真想过，事业是人干出来的，想要创业干大事必须有人才行。为什么任正非能感召和团结 20 万知识分子，而自己连感召几个合伙人都困难重重？到底是"天下无马"，还是"世有伯乐，然后有千里马"？

老板们还常常感叹，商场如战场，小心无大错。

对管理者来说，在执行中最困难的莫过于让组织的成员自发自觉地去执行。

"没有任何借口"和"保证完成任务"，是老板们对高管、员工乃至忠诚的唯一理解，他们用华为的成功经验为其背书。

事实上，这是对华为管理的片面歪曲，是把军队管理简化为军事化管理。军队当然要强调服从、纪律和完成任务，但这只是军队管理的一个侧面。

保证军队打胜仗的机制相当复杂，战略、战术、后勤、装备常常比片面地强调服从更重要。而且，即使是军队这种以等级制为特征的组织，官僚化和刚性化也向来是兵家大忌。

在当代战争中，军队战斗力的主要来源并不是呆板的服从，而是迅速的响应能力。传统的集中化、指令式的管理模式，正在转型为去中心化、涌现性的管理模式，敏捷型组织已是军队组织发展的基本方向。

即便是军队，当前的组织与管理要求也必须柔性、灵活、敏捷和适应性强，充分激发下属的活力和团队的主动性，更何况是追求利润的企业、需要经济回报的员工？

有信仰的红军，能创造奇迹完成长征；有清晰使命、愿景和价值观的企业，才能超越生死厉害、度过至暗时刻，构建对手难以复制的核心竞争力；具有强大自驱力的员工，才能将其执行力由被动听命变成自发自觉。

"争气"与"追光"，仅仅是任正非个人在领导素质、领导特性层面出类拔萃的地方，但一个人不管如何努力，永远也赶不上时代的步伐，更何况是知识爆炸的年代。

能够打造穿越周期、万众一心、随时应变的学习型组织，并把"重人轻物""贵义贱利""家国天下"的理念和情怀注入其中，同时批量化复制有理想、有能力、负责任、肯担当的领导者，进而在实现商业利益的同时致力于社会价值创造，才是任正非的领导力高出同侪一大截的根本原因。

组织是领导力的载体，绩效是领导力的本质，追随者则是领导力的体现。

任正非的案例

任正非这种穿透时空的方向力、激励知识分子的号召力，究竟是怎样培养出来的？

他说："人感知到自己的渺小，行为才开始伟大。"面对时代变化与市场冲击，任正非的选择是"不再是自己去做专家，而是做组织者"。因为"只有组织起数十人、数百人、数千人一同奋斗，你站在这上面，才摸得到时代的脚"。俗话说，"秀才造反，三年不成"，但任正非成功给"秀才"注入了"海盗文化"，在鼓励知识分子的家国情怀（产业报国，中华有为）的同时，打破了"君子言义不言利"的中国传统，用强激励带领他们"造反"成功，结束了西方大企业在中国市场的垄断时代。

任正非曾毫不掩饰地将华为早期的分享机制比喻为"海盗文化""坐地分赃"。

"海盗头子"既是打劫的指挥者，又是冲锋在前的战士，还是战利品的分配者。他登高一呼，率领数万名大小海盗，扑向茫茫大海中的船只，比的就是更快更狠更强，谁抢到的战利品最多最贵重，谁分到的份额也就最大。

这种"大碗喝酒，大块吃肉""有福同享，有难同当""用人不疑，疑人不用"的古典乌托邦式的草莽"公平"，能够坚持"多劳多得"的原则，也能够保证极致的效率和可衡量的成果，吸引了大批"饥饿"的知识分子加盟和追随，从而形成了充满战斗力的狼性军团。

这已经很难得了，更令人惊叹的是，任正非居然进一步完成了对"海盗文化"的扬弃。他在保留冒险、渴望、灵活等"海盗文化"正面因素的同时，摒弃了"海盗文化"中弱肉强食、尔虞我诈、人身依附、以邻为壑等负面因素，将古典草莽式的"分赃文化"改造成了更符合现代工业文明的"绩效导向""结果说话"。

这一过程持续了十年以上，在此选几个代表性案例。

1.1990年，华为启动了员工持股计划。

这是华为历史上影响深远的大事，但出发点很简单，颇有"无心插柳柳成荫"之意。

华为选择自主研发路线后，需要大量资金投入，现金缺口很大，也很难申请到银行贷款。因此，华为向员工许以高薪并每年多次上调工资，但经营困难期只能发一半工资，另外一半算公司向员工借款，打白条给利息。

任正非后来说，当时就像红军长征，爬雪山过草地，拿了老百姓的粮食没钱给，只能留一张白条，等革命胜利后再偿还。后来，这些钱以"债转股"的方式变成了内部股票，让员工共享公司发展的红利，此后三十年又经历过实体股转虚拟股、"虚拟饱和受限股"、"时间单位计划"、ESOP1（虚拟饱和受限股修订）等几次大的修订，从而日趋完善。

这让华为成为中国实行股权激励的典型代表企业。如今，华为近60%的员工持有公司股票，没有任何政府部门、机构持有华为股权，是一家100%由员工持有的民营企业，而任正非只拥有华为0.88%的股份和一票否决权，而且每年都根据公司盈利进行巨额分红。

这一当初的权宜之计，成为华为构建利益共同体、让员工"力出一孔，利出一孔"的核心机制。它"以众人之私，成众人之公"，在无法满足员工眼前利益的情况下，引导员工去看长远利益。

任正非的气魄、格局和"不自私"，在这一过程中起到了关键作用。这一做法属于特殊历史时期的探索，华为也因此一度被认为"非法集资""开设内部银行",招来了市、省乃至中央的调查,最后获得了政府的特批和承认,从形式上是不具备可复制性的,但并不妨碍我们学习、思考其创建组织的关键——弄清"钱"的要害,抓住利益根本。

2.1995年,任正非在华为内部发起了"华为兴亡,我的责任"的大辩论,要求重新定义华为文化,这是后来华为开启一系列管理变革的先声。

当时,华为进入高速增长期,拳头产品C&C08数字程控交换机在市场上攻城略地,带来了员工规模的爆发式增长,管理效率急剧下降,员工的考核与激励,特别是对市场体系业绩的评估成为矛盾焦点,工作挑肥拣瘦、内部山头林立、以邻为壑和骄傲自满盛行,腐败、惰怠等现象也开始出现。

华为因此成立了工资改革小组,但小组也拿不出一个切实可行的解决方案。万般无奈之下,华为开启了关于企业文化的内部大辩论,但直到最后,大家也没讨论出一个所以然来。

"海盗文化"的负面因素逐渐暴露,任正非亲自表态,认为大部分人认同的"有福同享,有难同当""用人不疑,疑人不用"不该成为华为文化的一部分。

一片迷茫之中,时任华为市场部负责人的孙亚芳挺身而出,主导了市场部集体大辞职。

3.1996年,孙亚芳带领华为全国26个办事处主任集体辞职后重新竞聘上岗。

这次辞职竞聘,让市场部30%的中高级干部退出了领导岗位,开了华为干部能上能下的先河，加大了公司对干部的管理和控制力度，也进一步树立了任正非的领导权威。

这是华为版的"杯酒释兵权"，也是任正非削平"山头主义"、树立"干部听从公司统一调度""兵为一将用，而非一将有"的用人原则的关键事件，孙亚芳因此令华为上下刮目相看。

任正非认为，这一行为的影响对华为而言是惊天动地的，否则就不可能有公司的今天。在4年后的颁奖典礼上，他动情地说："一个民族、一家公司或一个组织，只要没有新陈代谢，它的生命就会停止。而只要有生命的活动，就一定会有矛盾、有斗争，也一定会有痛苦……公司要想发展壮大，每个人就必须敢于舍弃小我。"

4.1998年，任正非决定从英国引入任职资格体系，标志着华为进入管理规范期。

在此之前，华为强调的是员工的职业素养和知识水平提升，任职资格参考基本条件（学历、专业经验、现职状况）、资格标准（行为、知识技能）和其他参考项（绩效、品德、素质）而定。调整之后，华为的任职资格标准框架分成两大部分，即绩效贡献和关键能力。

绩效贡献由责任结果、专业回馈（在专业上对组织的贡献，如担任导师、输出案例、在华为大学授课等）构成，主要评估员工承担当前级别岗位所要求的责任结果。关键能力主要由专业技能、沟通与组织影响力、解决复杂问题的能力构成。

这意味着华为由创业初期的"分赃文化"，彻底转向"绩效文化""结果导向"。

用任正非的话来说，就是华为人要从"以技术为中心"向"以客户为中心"转移，做工程商人。因为企业是一个营利性组织，人人必须成为经营者，以商业成功为导向，对结果负责。

正如华为对员工能力的定义——能力就是工作中展现出持续创造高绩效的行为。

5. 2004 年初，华为邀请北京大学历史系教授钱乘旦为中层以上管理干部作报告，讲述 15 世纪以来世界主要国家的发展史，任正非、孙亚芳等高管全部出席。

两年以后，由钱教授担任学术指导、中央电视台制作的电视片《大国崛起》正式播出。任正非亲自安排，华为购买了 200 套《大国崛起》的 DVD 光盘，发送给公司高管，要求大家观看和讨论。

华为如此上心，是因为彼时正是华为以"规则破坏者"的形象进入国际市场，面临越来越多的跨文化冲突。通过对历史的学习，任正非从西班牙与葡萄牙身上看到了海盗精神的退化，从荷兰身上看到了资本至上、过度投机毁掉的帝国繁荣，更重要的是从英国"光荣革命"中看到了华为立足世界、"制胜于域外"的思想武器——以妥协替代暴力。

西班牙、葡萄牙、荷兰都是小国，但在"重商主义"的国策鼓励之下，它们走出国门，进入海洋，"第一经商，第二掠夺，经商不过瘾就掠夺"，特别是荷兰，还创造了早期的银行、信贷制度和金融体系。但不到 200 年的时间，这三个国家都衰落了，取而代之的是英国和法国。钱乘旦指出，它们成功的关键，就是在完整经历重商主义之后，走向了实业立国的工业主义，从而开启了新兴资本主义时代。更令华为高层震撼、引发系统性思考的，是英国的"光荣革命"。

"光荣革命"是英国国王、贵族、新兴资产阶级和普罗大众的一次妥协，却让英国保持了300多年的政权稳定，并最终哺育了全球最强盛的资本主义国家——美国。历史学家亨德里克·威廉·房龙在评价美国制宪会议时指出："妥协拯救了一个民族，建立了一个帝国。"

这深深触动了华为高层。长期以来，华为以其"饿狼扑食""海盗文化"的进攻性风格，从重重包围中杀出了一条血路，赢得了一个又一个"不可能的胜利"。这有"狭路相逢勇者胜"的一面，也有"攻击性前进""自杀性竞争""为达目的不择手段"的一面，它在过去帮助华为取得了胜利，现在却成了华为进一步发展壮大的枷锁。

华为的形象毁誉参半，在业界特别是西方媒体眼里更是"野蛮、攫取、无底线"，严重阻碍了华为开拓国际市场的步伐。

华为董事长孙亚芳反思："公司多少年来的身段太刚硬了，发展到后来开始变得僵硬。华为需要做出改变。"任正非在会见奥尔布莱特时也强调，坚定不移的正确方向来自开放、妥协与宽容。

6. 2004年10月，华为成立了海思半导体有限公司，开始了中国科技史上最为悲壮的"长征"，为公司的生存打造"备胎"。

这源于任正非的居安思危。2013年，华为超过爱立信成为通信行业"领头羊"，但任正非却在大谈如何应对"第91天危机"——财务部门算过账，华为的现金够吃3个月。在华为海外收入有望超过国内市场的2004年，任正非就强调："喉咙不能被别人掐住，10年后我们要面临与美国企业的激烈冲突，要有思想准备。"

海思就是极限生存假设的产物，由华为科学家何庭波挂帅研发。它经历了长达十多年的艰苦跋涉和默默奋斗，也承受了不少质疑、压力和委屈。

研发失败了，绩效怎么算？芯片方面的投资要靠产品线，但产品线盈利的压力特别大，所以任正非在短期看不到明显收益的芯片投资上犹豫不决。比如，用了海思的芯片，就减少了华为原有芯片供应商的出货量，就要承受来自供应商的压力……

2012年7月，任正非在华为"2012诺亚方舟实验室"专家座谈会上，直面了这些问题。他强调，华为要更多地宽容失败，但不是所有领域都允许大规模宽容，需要具体的评价机制，高端研究领域是模糊领域，思想上要放得更开。

他同时强调了战略和领袖的重要性。"如果在短期投资和长期利益上没有看得很清楚的人，实际上他就不是将军，因为将军就要有战略意识"，"对未来的投资不能手软。不敢用钱是因为我们缺少领袖、缺少将军、缺少对未来的战略"，"华为能从当年三十门、四十门模拟交换机的代理商走到今天，就是因为有将军的长远眼光。为什么我们后继就产生不了将军呢？是文化机制问题、考核机制问题"。

任正非认为，华为的考核机制要从"授予"改为"获取"，不能靠机关来分钱，而要以公司利益为中心，构建一种产生英雄、产生战略的机制，看问题要长远。但他同时强调，华为在做高端芯片时，并不反对用美国供应商的高端芯片，甚至要优先尽可能地用他们的高端芯片，这是一个重大的策略问题。

"我们的高端芯片主要是容灾用，海思不能有狭隘的自豪感。"任正非认为，这种自豪感会害死华为。华为是一个开放的体系，公司的目的就是赚钱，是拿下上甘岭或拿下华尔街，不能狭隘。华为做操作系统、做高端芯片，主要是防备别人"断粮"，在"断粮"后能有备份跟上。

任正非告诉何庭波，此后每年给海思4亿美元的研发经费，要把海思的队伍扩大到2万人。"何庭波一听吓坏了，但我还是要给，一定要站起来，适当减少对美国产品的依赖……"

2019年5月16日，在毫无依据的情况下，美国商务部工业和安全局将华为列入"实体清单"，在芯片等核心技术领域对华为"断粮"。苦心人，天不负，海思曾经打造的"备胎"，一夜之间全部转正，云淡风轻时的居安思危，在极限生存的条件下显示出穿透迷雾的战略洞察和定力。

在接受意大利媒体群访时，任正非自信地回答："我们现在就能够完全独立，不依赖美国而持续为客户提供服务。而且越先进的系统，我们越有能力完全独立于美国而生产。"

在美国打压、新冠疫情肆虐的严峻商业环境下，华为进一步改革股权激励制度，推出ESOP1，试点期间配股的额度参考值是：员工上一年度的（工资+奖金）×25%，其普惠性更强、覆盖面更广，但不享受股东代表的选举权和被选举权。

华为对这次激励改革的解释是，希望让那些为公司做出贡献的员工，在退休或离开公司后有一份更好的物质保障。

任正非的启示

在名著《卓有成效的管理者》中，德鲁克强调："组织的目的就是让平凡的人做不平凡的事。"但很少有人注意到,德鲁克还讲过一句更为关键的话:"让平凡人成为不平凡的人。"

前者说明了组织的目的,是成事;后者强调了领导力的目的,是育人。在《管理的实践》一书中,德鲁克强调,组织的整体精神远比个人领导力重要得多,"如果太过专注于领导力,很容易导致领导层对组织精神无所作为"。

没有经济基础,就没有上层建筑。组织常犯的"低级错误"是弄不清"钱"的要害,抓不住"利益"根本。什么都说了,什么都试了,但就是没想起"钱"的事情来,组织越弄越混乱,所有成员越弄越糊涂,交易成本与沟通成本越来越高,公司政治日趋复杂,每个人都不得不工于心计、巧于辞令,玩权术、编故事,组织也随之失效,进而不可逆地走向衰亡。

任正非从专家到组织者的变化,源于他理解了团结的力量。华为早期的"海盗文化""坐地分赃",通过显而易见、可以量化、富于激励的物质交换,将组织中的每个人捆绑在同一辆战车上,驱使众人服从同一个权威,指向同一个目标,在统一的旗帜下共同奋斗。

"海盗文化"与"坐地分赃",本应是企业最基础的激励原则,但绝大多数中国企业并没有解决好这一财富分配问题。许多公司发展多年,仍在这些最简单、最基础的问题上困惑不已,这中间有领导的认知、品格问题,也有环境、操作和技术问题,但首先是认知问题。

卓越的领导者,无不具有"海盗精神"且明了"分赃文化",但这种"大碗喝酒,大块吃肉""有福同享,有难同当"的梁山好汉式的兄弟义气,很容易导致领袖迷信、专制独裁、山头主义、人身依附和玻璃天花板，造成组织气氛的紧张与压抑。

2000年前后，任正非患上抑郁症，神经高度紧张，总是处在恐惧状态。"我天天思考的是失败，对成功视而不见"，忧心公司随时会垮掉，垮掉以后怎么办？这可不是什么杞人忧天、惶者生存，而是面对近在眼前的组织失控的如履薄冰。

事实上，德鲁克也不喜欢这种群众狂欢式的气氛，并对在此过程中涌现出的"英雄""能人"保持警惕、怀疑甚至绝望，以至于他在谈论领导力时非常慎重，对领导的个人魅力更是保持警惕，甚至深恶痛绝。

在他看来，20世纪的个人魅力领袖太多，但越强调个人魅力，就越容易毁掉领袖。

德鲁克是出生于维也纳的犹太人，经历了两次世界大战，并在"二战"前被迫从欧洲移民美国。1994年，85岁的德鲁克在哈佛大学肯尼迪政治学院发表演讲，他声称"20世纪是人类历史上最血腥的世纪之一"，认为人类历史上很少有比希特勒更具个人魅力的领导者，但他给人类带来了前所未有的邪恶和痛苦。

在他看来，领导力的本质是绩效。他认为，领导力只是手段，企业想要达成什么样的目的才是领导力的关键问题，这种能力应该非常具体，不可能是吹捧出来的。管理者应该是"为他人的绩效负责的人"，做不到就不配当管理者。

任正非对"海盗文化"的扬弃，将"分赃"导向转变为绩效导向，拒绝将"有福同享，有难同当""用人不疑，疑人不用"作为华为文化，原因正在于此。为了完成这一转变，任正非对外向专家学习，对内以干部为抓手——市场部大辞职的重要性也在于此。

毛主席说："路线确定后，干部就是决定因素。"

任正非对普通员工比较宽容，但对干部要求严格。他认为，华为需要的管理干部，是对市场有深刻体验和宽文化背景的人，因为"我们要利用世界的能力和资源来领导世界"。

华为要求干部既要有使命感、干劲和奋斗精神，还要有方法论，强调"优先从有成功经验的人中选拔干部；优先从胜利队伍中选拔干部；优先从主战场和艰苦地区选拔干部；优先从关键事件中考察和选拔干部"。

在咨询公司的帮助下，华为构建了自己的领导力模型。从"四个标准"到"干部九条"再到"干部四力"（见图3-1），反映了华为对干部要求的演进过程。

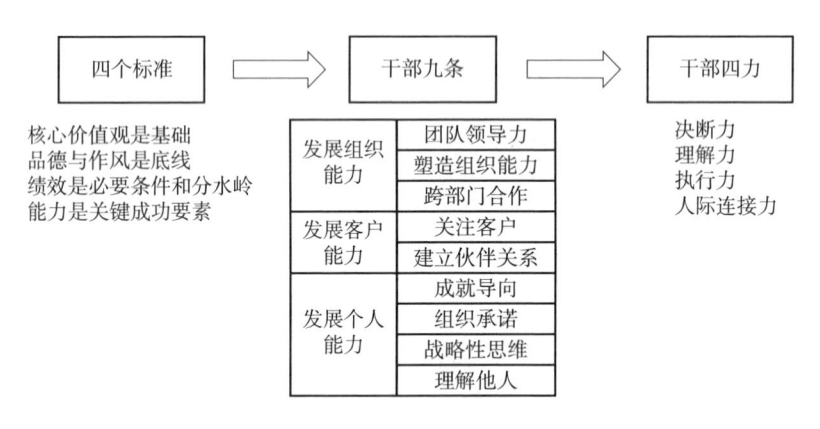

四个标准	干部九条	干部四力
核心价值观是基础 品德与作风是底线 绩效是必要条件和分水岭 能力是关键成功要素	发展组织能力：团队领导力、塑造组织能力、跨部门合作 发展客户能力：关注客户、建立伙伴关系 发展个人能力：成就导向、组织承诺、战略性思维、理解他人	决断力 理解力 执行力 人际连接力

图 3-1 华为领导力模型演进历史

资料来源：根据公开资料整理。

任正非强调，华为要实行权重不同的，分别关注长期、中期、短期利益的合理绩效架构，以及与之相适应的激励机制，选拔干部要以责任结果为依据，避免唯素质论。但是，越高级的干部，越要关注长期发展。

2008年，在华为各地区部门向经营管理团队（Executive Management Team，EMT）进行年中述职时，任正非特别指出：战略问题要加强请示汇报，中层干部在一般事情上"以利润为中心"不会有大错，但战略往往是以牺牲短期利益为代价来获得长期利益，必须请示。战略方面的利益牺牲，要让财务统计到受益者的财务报表中去，由高层保证投入的持续性。

他说："战略问题是高层指挥基层，战术、战役问题是前方指挥后方，后方要尽力支持前方要求，这是后方机关存在的唯一必要条件。"

这其实就是德鲁克通过绩效强调的管理者的自我定位与服务意识，也是海思能够咬牙坚持十余年，做"难而正确的事"的制度保障。

十年后，在个人绩效管理优化工作汇报会上，任正非指出：过去华为人力资源对标功能组织建设，逐渐脱离了作战系统，建立了自我封闭体系，成了落后于业务发展需要的体系。他大声疾呼："一切向'作战'靠拢，所有形式主义的不增值管理都应该消亡。"

此时，离美国的首轮打压还有一年时间，但对此一无所知的任正非，已经在内部各种场合反复强调："多打粮食"是硬道理，增加"土地肥力"也是目标，华为必须紧紧围绕这两点来进行绩效管理，人力资源的战略重心是解决绩效管理的合理性和规则性。毕竟，就算是海盗，也得先作战，再分赃。只有能带领团队抢到市场、完成业绩，才有令人信服和追随的权威和影响力。

我们要如何行动？

近十几年，中国企业界流行着一种"老板风险论"，认为老板承担了企业经营的主要风险，获得巨额经济回报是应该的。每个创业者都觉得自己很不容易，每个成功的老板都觉得自己能走到今天简直苦死了。

这种风气甚嚣尘上，甚至对为激励员工而生的股权、期权制度产生了冲击，本意为留住员工的"金手铐"，近乎变成了老板PUA员工、予取予夺的"纸枷锁"。"没有任何借口""烧不死的鸟才是凤凰"被不顾具体环境地片面强调，既要求员工有绩效、KPI（关键绩效指标）和艰苦奋斗精神，又要求员工有忠诚度、领导力和长远眼光，却舍不得做最基本的激励、培养和分享。

任正非的过人之处，不仅在于个人的坚定信念，还在于其建立了一个既能保证绩效，又能让数以万计的知识工作者有成就感并找到人生意义的组织。德鲁克说过："CEO有自己的工作要做，每一个知识工作者都必须像CEO一样思考和行动。"

在知识社会尚未形成的组织或年代，这种目标是难以理解的，但华为恰恰是这样一个组织。任正非对"海盗文化"的扬弃，对"结果导向"的坚持，是华为能将其"争气""追光""不自私"批量复制、吸引越来越多的人才追随和加盟的根本原因。

知识经济时代，企业需要更多的知识工作者，而"老板风险论"与此格格不入，没法感召一批人团结在同一个权威、同一面旗帜、同一种精神之下，群策群力做"难而正确的事"。

领导力对任何人都是开放的，但如何有效地衡量领导力呢？

美国密歇根大学教授、人力资源管理的开创者戴维·尤里奇，在其名著《绩效导向的领导力》中，给出了一个公式：领导力的有效性＝领导特性 × 领导结果。领导特性主要指领导者的个人素质，领导结果则包括员工（人力资本）、组织（学习、创新）、顾客（让目标顾客满意）和投资者（现金流）四个方面。

华为以绩效作为衡量组织的标准，以干部作为激活组织的抓手。华为对干部要求严格，但更强调看到干部的长远性，不要总抓住缺点，不因你做出成绩就原谅缺点，也不因你有缺点就不选拔——这是好组织的一个共性。比如阿里巴巴对卫哲和蒋凡的处理。

"挥泪斩卫哲"，是因为造假已成为淘宝制度性、风气性的组织问题，身为 CEO 的卫哲难辞其咎。蒋凡虽因个人私生活招致舆论批评，给公司造成不良影响，但未对组织形成破坏，在淘宝从 PC 端向移动端转型的过程中更是居功甚伟，因此被除名合伙人、降薪降职，但给予了改过的空间，才有了三年后因业绩亮眼重回阿里合伙人名单的机会。

老板的格局，决定了企业的高度；老板的领导力，决定着企业的生死；老板的存在，就是找人、找钱、找方向；而老板最重要的工作，就是"用好人，分好钱"。

这一切都依托组织。在瞬息万变的 VUCA 时代，组织必须随需而变、充满活力。在修炼自己的同时，老板们要牢记三句话：利益给足、结果导向、干部决定一切！

但这有个前提：方向大致正确。

第四章　开放&聚焦：边缘效应与无边界组织

从2005年到2012年，是华为置之死地而后生的重要转折期。

对"海盗文化"的扬弃，让华为从"团伙"变成了组织，脱下草鞋换皮鞋，"土八路"变正规军。但正规军也分三六九等，更不要说华为面临的是从"进城"走向"出国"，需要对组织进行大量的调整和变革。

企业家领导力的最后较量，其实是驾驭和变革组织能力的较量。组织最大的迷失，是战略的迷失。但再宏大的愿景、再伟大的战略，也需要落实到组织和管理的层面。真正的决胜，往往是在组织层面实现的。

任正非在内部讲话中指出，封闭系统终究是要熵死的，没有活力的封闭企业必将灭亡。因此，在华为经营过程中，他始终让战略与组织并重，强调"方向大致正确，组织充满活力"。

熵是一个物理概念，由德国物理学家鲁道夫·克劳修斯首次提出，用来表示能量在空间分布的均匀程度。能量分布得越均匀，熵越大。当一个体系的能量完全均匀分布时，这个系统的熵就达到最大值。

克劳修斯由此总结出热力学第二定律：不可能把热量从低温物体传向高温物体而不引起其他变化。这一定律又被称作熵增定律，即孤立系统的熵永不自动减少，熵在可逆过程中不变，在不可逆过程中增加。

简单理解就是，熵是无序的混乱程度和势能的消减。熵增是世界上一切事物发展的自然倾向，即事物总是从井井有条走向混乱无序，最终走向灭亡。若无外力，万事万物都逃脱不了熵增的魔咒。

1977年，比利时物理学家伊利亚·普里高津获得了诺贝尔化学奖，因为他把热力学第二定律扩大应用于研究非平衡的热力学现象，提出了著名的"耗散结构"理论。该理论被认为是数十年来理论物理、理论化学和理论生物学取得的最重大进展之一，在哲学界也引起了很大的反响，普里高津也因此成为一位用演化论而非原子论的观点来看待世界的物理学家。

普里高津认为，处于平衡状态的开放系统，在与外界交换物质和能量的过程中，通过能量耗散结构和系统非线性动力学机制维持和发展，当能量达到一定程度时，熵流可能为负，系统总熵可以小于零，则系统通过熵减就能形成新的有序结构。

换句话说，耗散结构强调的是一个开放的系统。我们的生命体就是典型的耗散结构，通过开放进行新陈代谢，保持机体活力。物理的、化学的、生物学的，甚至社会学的系统，都可以通过与环境进行交换，保持动态平衡，避免消亡。

任正非注意到了这个理论，认为这才是华为所推崇的理想组织架构。在 2011 年的华为市场大会上，任正非强调："公司长期推行的管理结构就是一个耗散结构，我们有能量一定要把它耗散掉，通过耗散，获得新生。"

在他看来，华为只有以耗散结构来实现管理运作，才能有效避免"熵死"。华为所做的一切工作，都是在稀释文化和情感的影响，让公司在稳定与不稳定、平衡与不平衡间交替进行，这样公司才能保持活力。

他甚至认为，公司凝聚力太高、员工忠诚度太高对华为来说并不是件好事。"先付出后得到与先得到再忠诚有一定的区别，前者更进步一点。"

任正非对"海盗精神"的推崇，对"海盗文化"的扬弃，拒绝将"有福同享，有难同当"作为华为文化的一部分，原因也在于此。这不仅是对人性的深刻洞察，也是对组织的清醒认知，更是从哲学的高度对管理的推崇。

2005 年 5 月，华为提出了坚持至今的战略，即"以客户为中心"。华为内部文件强调：为客户服务是华为存在的唯一理由，客户需求是华为发展的原动力；要质量好、服务好、运作成本低，优先满足客户需求，提升客户竞争力和盈利能力；要持续进行管理变革，实现高效的流程化运作，确保端到端的优质交付；要与友商共同发展，既是竞争对手，也是合作伙伴，共同创造良好的生存空间，共享价值链的利益。

这段话中，既包含了战略与组织的理念，也囊括了聚焦与开放的理念。华为坚持把"以客户为中心"作为战略目标，持续地追求组织效率的最大化，同时强调"力出一孔，要集中优势资源在主航道上，拉开与竞争对手的差距"，这恰恰是中国企业家们最该学习的地方。

但"以客户为中心"不代表客户永远不变，"聚焦主航道"也不代表对新机会视而不见。清晰的方向，可能是在混沌中产生的，也可能是从灰色中脱颖而出的，而方向会随时间与空间的变化而变化，它常常会变得不那么清晰，并不是非白即黑、非此即彼。

"方向大致正确，组织充满活力"，正是对这一现象的最佳诠释，而企业家的领导力也在此过程中体现得淋漓尽致。正如任正非所言："合理地掌握合适的灰度，是使各种影响发展的要素在一段时间内保持和谐，这种和谐的过程叫妥协，这种和谐的结果叫灰度。"

领导者的困惑

老板最重要的技能之一，就是知人善用。

中国历史上最知人善用的领袖，除了汉高祖，就是唐太宗。

在用人方面，李世民的三个故事，历经千年仍会让无数老板感同身受、心有戚戚。

第一个故事，是著名的"天下英雄，尽入吾彀中矣"。

众所周知，科举制是隋炀帝杨广于公元606年创立的，但发扬光大是在李世民手中，即所谓的"大唐贡士之法多循隋制，始于隋大业、成于唐贞观"。在此之前，汉代采用"察举制"，到汉末已变成"举秀才不知书，举孝廉父别居"；魏晋则是"九品中正制"，最终沦为"上品无寒门，下品无士族"。

有才能的人缺乏上升通道，对政权的影响不言而喻，所以李世民即位后非常重视科举。有一次，他走到皇城端门的门楼上，看到许多新考取的进士鱼贯而出，志得意满之下留下了这句名言，充分表达了坐拥天下的皇帝对于人才的态度。

这几乎是老板们共同的梦想，但现实中想找几个独当一面的人才可谓困难重重。

第二个故事，诞生了流传千古的名句："以铜为鉴，可以正衣冠；以史为鉴，可以知兴替；以人为鉴，可以知得失。"

这句话出自《旧唐书·魏徵传》，魏徵是唐初杰出的政治家、史学家，以对唐太宗的犯颜直谏而著称。李世民曾经慰劳他说："您所陈述进谏的事，前后有二百多项，不是至诚报效国家，怎么能够这样？"

魏徵死后，李世民非常伤心，认为自己从此少了一面可以了解自身过错的镜子。

但对大多数老板来说，公司里想找个敢说真话的高管都比较困难，更别说普通员工了。

第三个故事，知道的人比较少，也是老板们经常遇到的问题。

尉迟敬德是唐太宗最信任的武将，也是"玄武门之变"的最大功臣。但他性情鲁莽、居功自傲，经常当着李世民的面，与长孙无忌、房玄龄、杜如晦等大唐宰相大声争执，无理取闹。在一次唐太宗举办的宴会上，因不满有大臣座次比他高，尉迟敬德当场大闹。邻座的唐朝宗室兼名将、江夏王李道宗好心劝阻，却被他一拳差点打瞎眼睛。

李世民看了实在生气，对尉迟敬德说："我读《汉书》，发现汉朝开国功臣最后善终的很少,所以登基后一直想保全大唐的功臣,但今天看到你的行为,才知道韩信、彭越等开国功臣被杀,并不是汉高祖的过错。"他告诫尉迟敬德,"国家大事,唯赏与罚,非分之恩,不可数行",要求尉迟以此为戒,免得将来后悔。尉迟敬德听进去了,才有了后来入选凌烟阁、千古做门神的美名。

改造一个功臣都这么难,更不要说变革一个组织了。但在这些方面,任正非展现出了堪称教科书式的领导力。

任正非的案例

类似的困境,任正非也遇到过。

2002年,任正非连续遭遇生活暴击。母亲不幸车祸离世,公司收入首次下滑,"内部创业"的爱将李一男成立港湾与公司竞争,国际巨头思科起诉华为侵犯知识产权,并要求100亿美元的巨额赔偿。任正非自己也身患严重的抑郁症,并因癌症动了两次手术……在这种情况下,任正非扛不住了,决定把华为卖给摩托罗拉。摩托罗拉首席运营官迈克·扎菲罗夫斯基以75亿美元的价格与任正非签署了初步的意向协议,后续的尽职调查也进展得非常顺利。但就在这关键时刻,摩托罗拉高层变动,新上任的CEO否决了此次收购。

这是一段让任正非刻骨铭心的惨痛经历,以至于当华为被美国封杀、爱女被扣押在加拿大时,任正非仍对美联社记者说:"今天的危机应该只有那时十分之一的压力,因为现在我们对渡过危机充满信心,那时的危机是不可知的恐惧。现在我不恐惧,那时恐惧到精神受到极大的折磨,才产生抑郁症。"

这也让任正非意识到，如果把企业的成败构建在"能人""英雄"身上，就会成也萧何、败也萧何。"变革不能大起大落，不是产生一大堆英雄人物叱咤风云就算变革"，"方向大致正确，组织充满活力"和"聚焦主航道，抢占战略制高点"，是任正非从这段经历中获得的最宝贵的经验与教训。

借助一些案例，我们来看看任正非的变化历程。

1. 千方百计挖人，崇尚"英雄主义"。

1992年，邮电部在西安举办了一个程控交换机培训班，规格很高，全国各地的技术骨干几乎都有参加。任正非派去的人除了学习，还有个重要任务，就是挖人。在课后和晚上，华为骨干穿梭在各个宿舍"聊天"，这应该是后来任正非"一杯咖啡吸收宇宙能量"的雏形。

一些后来在华为历史上立下汗马功劳的人，比如华为高级副总裁毛江生、华为战略研究院院长徐文伟等，都是在这次学习班上被说服加入华为的。

当时，深圳的发展存在很多不确定性，很多科研人才不愿去深圳工作，深圳本地也缺乏理工科高校。筑巢引凤不成，华为就去有凤的地方筑巢。1995年，华为成立了第一个驻外研究所——北京研究所，随后相继在上海、西安、成都、南京、武汉、杭州、苏州等地成立了研究所。

华为也是最早给高薪，为愿意跳槽的人报销往返机票，给予"签字费"、安家费的民营企业。早在2000年，华为就在国内各大重点高校启动了"万人大招聘"，是国内最早大规模培养、储备大学生的民营企业。

在这一阶段，华为鼓励"英雄主义"，推崇"海盗文化"，"胜则举杯相庆，败则拼死相救"。任正非多次在公司内外公开表扬郑宝用、李一男等研发带头人，称赞他们是百年难见、千年一出的人才。

2. 鼓励内部创业，迎来华为冬天。

1997年市场部集体大辞职，以及后续的种种管理变革，虽然开启了华为干部能上能下的历史，也让不少部门和干部短期利益受损，进而引发了他们对管理变革或明或暗的抵制。

随后的产品战略决策失误、人员招聘过度，以及全世界IT泡沫的破灭，把华为逼到了非常窘迫的境地，而任正非的身体、家庭也出现了一系列变故。

应该说，任正非提前感觉到了"山雨欲来风满楼"的气息。

2000年8月，华为出台了《关于内部创业的管理规定》，鼓励在公司工作满两年的员工申请离职创业，成为华为的代理商。华为为创业员工提供优惠的扶持政策，其给予相当于员工所持股票价值70%的华为设备，以及半年的保护扶持期。半年内员工如果创业失败，可以重回公司。

这一做法的初衷，是优化公司内部人员结构，解决老员工出路问题，也为即将到来的公司危机做一个缓冲和铺垫。但事与愿违的是，任正非为这个决定付出了惨痛的代价。

自1987年华为创办以来，在这个时期出走的高管、高级技术专家的数量是最多的，而且越是公司想留的人才走得越快，华为还亲手培育出了李一男的港湾网络这个竞争对手。

任正非坦言，当时的华为内外交困，处在崩溃的边缘。

"华为那时弥漫着一片歪风邪气，大家都高喊'资本的早期是肮脏的'的口号，成群结队地在风险投机的推动下，合手偷走公司的技术机密与商业机密，像很光荣一样，真是风起云涌，使华为摇摇欲坠。"在并购港湾后的座谈会上，任正非回忆了当初的困难局面。

最终，华为通过加强信息安全、交付件管理、加强市场体系的干部管理与教育、开干部大会等一系列综合手段，使公司从市场和士气双重崩溃的边缘活了过来。

痛定思痛，此后任正非坚决禁止采用"内部创业"的方式激活组织。员工在主航道业务上干得没有激情，宁可调离或辞职，也不能在非主航道业务上进行"内部创业"——毕竟，港湾当时就是从华为的"非主航道"起步的。

3. 研发"遵义会议"，转型"工程商人"。

虽然"内部创业"失策了，但同年华为在深圳体育馆召开的"呆死料奖大会"，却对华为产生了正向激励和深远影响。

当时，任正非把公司数千名研发人员召集起来，让行政部将因研发人员的失误而报废的单板、"救火"产生的机票、报废的操作指导书等装裱成奖品，让研发体系各部门的主管一个个上台领奖，激发他们对质量、市场、客户和公司的强烈羞耻感。

这次会议被喻为华为研发体系的"遵义会议"，研发体系开始从"工程师文化"向"工程商人文化"转变。任正非总结说："研发系统这次彻底地剖析自己的自我批判行动，是公司建设史上的一次里程碑、分水岭。它告诉我们，经历了10年奋斗，我们的研发人员开始成熟，他们真正认识到了奋斗的真谛。"

4.构建制度保障，确保方向正确。

"那些杀不死你的，终将使你变得更强大"，任正非深刻地意识到，战略问题事关企业生死，必须依靠组织的力量而非个人英雄，因为靠一个人领队是不可持续的，一旦决策错误，就会对组织造成严重的后果。

为此，华为展开了一系列制度建设，这里举几个与战略相关的例子。

（1）实行EMT负责制

2004年，华为取消了沿用十多年的总裁办公会议和常务副总裁职务，成立了经营管理团队，即EMT。EMT由8名华为核心高管担任，公司决策牵头工作由EMT成员轮流负责，每人任期6个月，轮值期间的负责人相当于公司的COO（首席运营官）。

这标志着华为的决策体系，从"左非右芳"（任正非、孙亚芳）的个人决策向集体决策转变，这一运作机制华为一直用到2011年。

2011年，华为将EMT负责制改为轮值CEO制，轮值成员精简为3人。2018年，华为废除轮值CEO，改为轮值董事长，让董事会与经营层合二为一，董事会行使公司战略与经营管理决策权，轮值董事长在当值期间是公司最高领导者。

迄今为止，华为是国内唯一采用这种新型治理结构的大型企业。

（2）组建蓝军参谋部

2006年，华为在战略管理部门下成立了两个非常奇怪的组织——蓝军部和红军部。

红蓝军对抗模式源于"二战"时期英国陆军元帅蒙哥马利。蓝军原指在军事模拟对抗演习中专门扮演假想敌的部队，通过模仿对手的作战特征与红军（代表正面部队）进行针对性的训练。蒙哥马利当时是让麾下军官模拟自己的对手——"沙漠之狐"、德国元帅隆美尔。

华为"蓝军参谋部"的主要任务是唱反调，虚拟各种对抗性声音，模拟各种可能发生的信号，从不同的视角观察公司的战略与技术发展，进行逆向思维，审视论证"红军"战略/产品/解决方案的漏洞或问题，为公司高层提供决策建议，保证华为不犯战略性错误。

这个部门曾经列出任正非的"十宗罪"——否定新事物、管理不够灰度、工资奖励分配机制不合理、人力资源管理上太过心急、对下属犯错不够包容等，认为这样会形成任正非的"一言堂"，从而导致决策失误。

任正非因此被罚款100万元。

2008年，华为与贝恩等私募基金接触，想用80亿美元卖掉华为的终端业务（手机）。华为蓝军在基于大量研究分析后，提出了题为《放弃终端，就是放弃华为的未来》的报告。

该报告篇幅仅有一张A4纸，但明确指出"未来的电信行业将是端—管—云三位一体，终端决定需求"。当时，苹果已推出了划时代的手机产品iPhone，却没能让诺基亚等手机巨头警醒，但华为蓝军敏锐地意识到形势正在发生变化。

最终，任正非拍板保留了终端业务。十年后，华为终端消费者业务的营收，超过了运营商业务，占据华为总营收的半壁江山。

（3）从"干部部"到"总干部部"

早在20世纪90年代中后期，华为就仿照我党"支部建在连上"的做法，在人力资源管理部体系下设立了干部部，是中国人力资源业务合作伙伴（HRBP）管理理念的先行者。干部部部长一般由所在部门的"二把手"兼任，接受人力资源管理部的人力资源政策与业务指导。

2006年，华为成立了组织干部部，该部接受党委领导，目的是加强对干部以及干部后备队职业操守、个人道德素养、自我批判能力等的考察、评价和监察，提升干部的作战能力。2014年，华为成立道德遵从委员会，负责实施员工的道德教育、监管和文化宣传。

2018年，华为成立总干部部，与人力资源部分离，形成了人力资源管理部"管事"、总干部部"管人"的局面。在基层组织中，这两个系统可以融合，以提高效率。

任正非特别强调，未来华为总的人力资源管理体系包括人力资源体系和总干部部两个系统，整体定位是为公司找英雄、找领袖、鼓励员工冲锋。人力资源政策管理和干部管理都是推动公司前进的动力，人力资源体系要从权力中心变为服务支持中心。

换句话说，人力资源体系管规则，以员工为中心，负责专业化；干部体系管人，以干部为中心，负责差异化。前者拥有规则的草拟权，属于块状组织，要从后台走向前台，从权力中心变成服务支持中心；后者拥有规则的建议权和执行权，属于线条组织，是公司整个干部管理的专家中心，要从前台走向后台，从服务中心变成权力中心。

任正非强调，立法权高于行政权，规则的制定需要董事会决策和审核。

从干部部到总干部部，华为走过了近20年的发展历程。建立总干部部的核心目的：一是让人力资源管理部真正放下身段，深入业务，一切为了前线、服务和胜利；二是通过加强对干部的管理，保证方向的大致正确，让组织始终充满活力。

5. 规避新《劳动法》，带头切换工号。

2007年底，工号为001的任正非带头辞职，所有工作超过8年的6687名管理者和资深员工随之递交辞职申请。切换工号后，6581名员工重新签约上岗，93名各级主管自愿降职降薪，38名资深员工退休，52名员工因个人原因离开公司，16人因绩效和工作能力不足离开华为。

这几乎是华为历史上最具争议的事件，至今存在各种各样的看法和分歧。华为的这一做法，是为了规避2008年1月1日生效的新《劳动法》，其中明文规定：企业不能解聘在企业工作超过10年或者已经签订过两次劳动合同的员工。

这与华为的核心价值观形成了直接冲突。《华为基本法》第十六条规定："我们不搞终身雇佣制，但这不等于不能终身在华为工作。我们主张自由雇佣制，但不脱离中国的实际。"

虽然争议很大，但华为通过物质和精神的双管齐下，展开法律、流程、沟通、岗位、IT等层面的全面协同，最终以惊人的定力和执行力完成了这一浩大工程。而且，2008年以后，华为以制度化方式，每年开展"工号切换"活动，自动通知工龄满8年的员工重签合同。

任正非认为，在全球化经营环境下，公司内部管理必须持续保持激活状态，任何时候都不能放弃艰苦奋斗的精神，这次人力资源变革将永远载入华为发展史册。

虽然外界舆论喧嚣，但参与工号切换的华为员工绝大多数很愉快，因为他们既获得了"N+1"的补助，又多拿了两周的假期，最后还回到了原来的工作岗位上。在不违反公司价值观的前提下，华为最大限度地保证了员工的个人利益。

但是，这么多知识分子能够相信公司，与任正非"不自私"及华为的"高薪文化""奋斗者文化"是分不开的，这种令人惊叹的执行力是值得所有老板深思的。

6. 不做"黑寡妇"，聚焦主航道。

2011年，华为员工超过14万人，销售收入达到2039亿元。

与绝大多数企业不同的是，华为始终坚持"不做纯财务投资""不摘低垂的苹果"的价值主张，基于ICT核心能力向产业上下游赋能。任正非反复强调，别那么"互联网冲动"，要紧紧围绕电子信息领域发展，不受其他投资机会的诱惑。

"我们认为未来的世界是知识的世界，不可能是泡沫的世界，所以我们不为所动。"在任正非看来，华为在房地产、股票这两个领域一点没卷进去，倒不是什么出淤泥而不染，而是因为始终在认认真真搞技术。

在2010年华为研发与解决方案体系干部大会上，任正非大声呼吁："华为与别人合作，不能做'黑寡妇'……我们已经足够强大，内心要开放一些、谦虚一点，看问题要再深刻一些，不能小肚鸡肠。我们一定要寻找更好的合作模式，实现共赢。"

黑寡妇是拉丁美洲的一种蜘蛛，交配后母的会吃掉公的，以此为自己孵化幼蛛提供营养。华为学习能力强，早期又有很强的"海盗文化"，导致供应商、合作伙伴乃至客户在与华为打交道时，都有意无意地"留退路""防一手"，这损害了华为的口碑，也让华为错过很多重要的机会。

在强调开放的同时，任正非坚持"聚焦主航道"。对非主航道业务，华为只考核利润，不要规模，这就限制了非主航道业务的盲目扩张。任正非强调，利润最大化不是华为的经营目标，对于短期利益和非战略机遇，可以主动放弃。

什么是华为的主航道？ICT基础设施，任正非将其比喻为"黑土地"，由此诞生了管道战略。这里所说的管道，是从技术、产业视角出发的，即一套用来承载信息的数字管道体系。

任正非强调，坚持管道战略，必须开放合作，团结一切可以团结的力量，对未来方向进行探索和研究，掌控不确定性。"管道操作系统'上不碰内容，下不碰数据'，只负责信息流量的传送。"

在这种战略思想的指导下，2011年华为重新调整了组织架构，把公司过去单一的运营商业务拆分成三块——运营商BG（B2B模式）、企业BG（B2b模式）和消费者BG（B2C模式），分别对应电信运营商通信解决方案、企业数据中心ICT和个人智能终端。

这次组织架构调整，让华为迎来了又一轮近十年的高速增长。华为组织架构如图4-1所示。

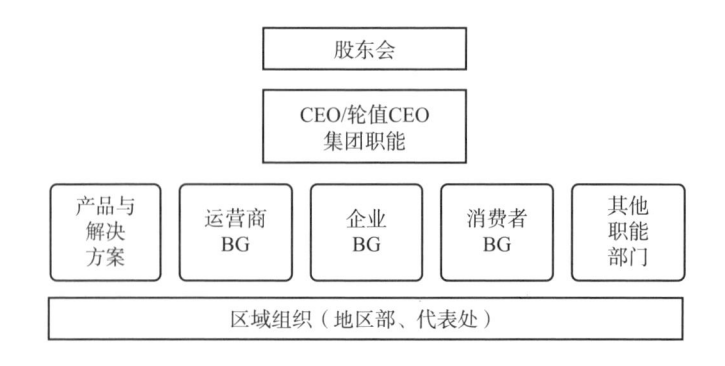

图4-1 华为组织架构（2011—2018年）

资料来源：根据公开资料整理。

任正非的启示

领导力大师约翰·麦克斯韦尔对领导力有个简洁的定义：领导力就是影响力。其在名著《领导力的5个层级》中，给出了经典模型，如图4-2所示。

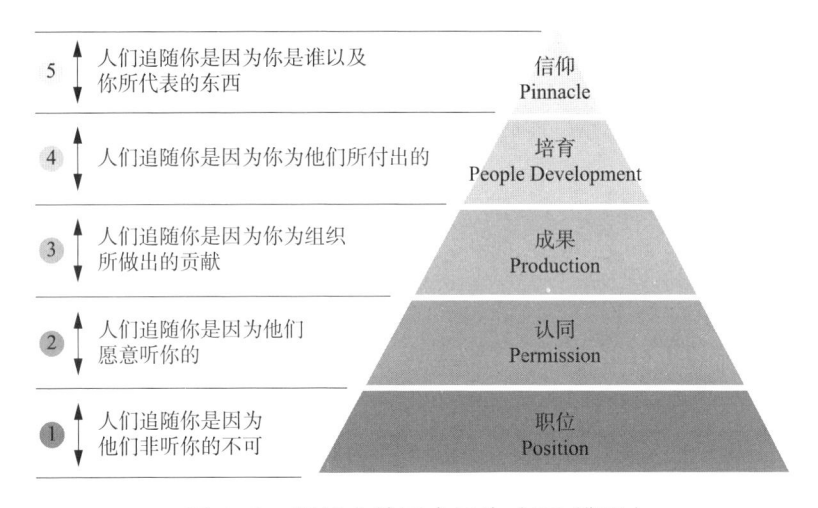

5	人们追随你是因为你是谁以及你所代表的东西	信仰 Pinnacle
4	人们追随你是因为你为他们所付出的	培育 People Development
3	人们追随你是因为你为组织所做出的贡献	成果 Production
2	人们追随你是因为他们愿意听你的	认同 Permission
1	人们追随你是因为他们非听你的不可	职位 Position

图4-2 领导力的五个层次（5P模型）

资料来源：《领导力的5个层级》，约翰·麦克斯韦尔著，中国广播影视出版社，2023年。

不难看出，任正非对绩效的强调、对"海盗文化"的扬弃，都是为了摆脱对"能人""英雄"的依赖，打造一个充满活力、能够自我进化的组织。

对高绩效的追求，必然需要构建能第一时间对环境变化做出快速反应，同时具有高度灵活性、能适应激烈竞争的新型企业组织，在移动互联网时代尤其如此。

这意味着组织不再能通过建立组织壁垒的方式获得成功，而是更需要形成开放与合作的架构,让外界容易融入,或者让自己的组织更具弹性。事实上,这也是人力资源管理领域的显学,即打造"无边界组织"。

"无边界组织"的概念,由通用电气(GE)的传奇 CEO 杰克·韦尔奇首创。在再造 GE 的过程中,他发现传统的企业组织架构是一种自上而下的金字塔管理模式,极大地阻碍了创新,也抑制了员工的主动性。

戴维·尤里奇是帮助韦尔奇改造 GE 的管理专家之一,受此启发与人合著了《无边界组织》一书。他强调,组织一直是有边界的,未来也不会改变,想要一股脑地清除所有边界是不切实际的,真正需要讨论的是如何让边界具有更大的可穿透性。

他将组织的边界分为四类:垂直边界(层级壁垒)、水平边界(部门壁垒)、外部边界(分隔供应商、客户、社区及其他外部支持者)和地理边界(文化壁垒)。每一种边界都需要足够的渗透性和灵活性,以便创意、信息和资源能够自由流动。

因此,无边界组织就像一个有生命的连续统一体,是动态的管理过程,其挑战在于要找到正确的平衡点。其价值链假设见表 4-1。

表 4-1 无边界组织的价值链假设

旧模式 (每个组织都旨在把自身的利益最大化)	新模式 (每个组织都旨在把整个价值链的成功最大化)
1. 战略和计划是独立制定的; 2. 信息分享和协同问题解决是受限制的; 3. 计算、评价以及回报机制是独立且不一致的; 4. 销售人员自作主张地把产品强推给客户; 5. 资源的利用是低效率的	1. 经营规划和业务规划是协调的; 2. 信息是广泛分享的,问题是协同解决的; 3. 计算、评价以及回报机制是一致的; 4. 销售是一个双方协商的过程; 5. 资源是共享的

资料来源:《无边界组织》,戴维·尤里奇等著,机械工业出版社,2016 年。

要领导无边界组织，领导者需要从命令和控制，转向创造愿景、共享和授权，需要从知道正确的答案转向提出正确的问题，还需要始终注重结构，根据原则、责任保持清晰的认识、做出艰难的决定。

这也是任正非强调绩效、推崇"开放、妥协与灰度"的根本原因。无论是EMT还是红蓝军，无论是换工号还是变组织，根本目的都是确保"方向大致正确，组织充满活力"。

我们要如何行动？

VUCA时代，依靠"能人""英雄"是没有前途的，企业家的核心能力在于成功打造随时而变的无边界组织，找到那些真正重要的、在未来十年内能够保持不变甚至发展壮大的趋势和业务，找到能支撑自己信念的价值观，并把它复制到企业和团队身上。

起心动念的价值观，在很大程度上决定了战略，而战略又决定了组织架构。

需要注意的是，当企业发展到一定规模，市场份额接近饱和时，如何才能保持可持续的盈利增长？是否应该在产业链上进行纵向整合？是否需要进入新的业务领域、客户市场和产品市场？是该进行多元化扩张，还是不动如山深耕主业？

华为的做法，值得企业家们深入思考和学习。在开放和聚焦这些看似矛盾的表象时，任正非用边缘战略促成了商业上的差异化、成长性、低风险和高收益。

边缘就是某种外围边框，是事情发生改变的边界，清晰地将可以做和不可以做的事区分开来。它有一个有趣的特点，即模糊不清，难以定义，且往往是可以作为的地方，充斥着最吸引人的互动，生态学家称之为"边缘效应"。

这一概念是由美国环保主义者奥尔多·利奥波德创造的，用来说明为什么过渡性农业和环境更容易见到鹌鹑、松鸡等动物，因为"动物渴望同时进入两种以上的栖息地"。20 世纪 50 年代，尤金·欧顿在著名文章《生态学基础》中将其发扬光大，将生态交界地带定义为存在于两种或两种以上不同群落之间的过渡地带。

利用这一理论，欧顿解释了为什么交界地带的土地特别肥沃，也解释了为什么 90% 的海洋生物栖息在离岸边很近的海域，而且这些海域只占海洋总面积的 1/10。这一理论还被用来解释自然界以外的问题，例如为什么两千年来港口、贸易交叉点等会成为推动经济与商业运转的齿轮，就像上海、中国香港、新加坡，还有横跨欧亚大陆的伊斯坦布尔、位于撒哈拉沙漠边缘的廷巴克图古城等。

"谁支配着边缘地区，谁就控制欧亚大陆；谁支配欧亚大陆，谁就掌握世界的命运。"在地缘政治学中，也有著名的"边缘地带理论"。它由耶鲁大学国际关系学教授斯派克曼提出。边缘地带包括大部分欧洲、中东、印度次大陆和东南亚，对"二战"后美国战略政策的制定和国际格局产生了重大影响。

华为的业务延展，就是边缘战略的最佳体现，从单一的运营商 BG 到运营商 BG、企业 BG、消费者 BG "三驾马车"并立，就是从边缘地带入手，从现有资产中获得额外收益。它并不需要华为放弃核心业务，并不是让公司踏进不熟悉的新领域，而是借着释放被压抑已久的需求，重新塑造和规划已熟知的业务或行动，堪称低风险、高收益。

2011年，华为决定拆分组织架构时，其运营商业务已占到全球份额的22%，而相邻市场（企业网、智能终端等）华为已进入的领域，所占市场份额还很小，市场空间却足够大——运营商业务市场空间是1500亿美元，消费者业务是5000亿美元，企业业务则接近1万亿美元。

LEK咨询公司创始人、《80/20法则》作者查理·科克将边缘战略分为三类：产品边缘、旅程边缘和资本边缘。在华为组织变革过程中，这三类战略都得到了教科书式的展现。

产品边缘机会最为常见，华为一直以来都是这么做的，比如超级快充、全光交叉、5G超级上行等。旅程边缘机会，是指在产品上附加服务，在顾客行为流程全过程中寻找机会，用最能达成顾客终极目标的方法来重新定义与顾客的关系。

华为的企业BG、消费者BG，都是旅程边缘战略的产物。企业网业务，最初是接运营商的外包单，企业需要配置通信网络，找到运营商又被外包给华为；消费者业务，最初是为了配合运营商获客，为运营商定制手机，方便其"充话费送手机"。但随着时间的持续、能力的提升，企业和消费者开始成为华为的直接客户。

华为年报显示，2011—2013年，华为年销售收入分别为2039亿元、2202亿元、2390亿元，增长非常有限，但2014年异军突起，年销售收入达到2882亿元，2015年则跃升至3950亿元。2019年，华为年销售收入达到了8588亿元。

不知不觉间，华为已经完成了增长引擎切换的动作。在2019年的收入中，运营商BG是2967亿元，消费者BG是4673亿元，其他来自企业BG。

不仅如此，华为还抓住了资产边缘机会。这是企业经营中最不易寻找且最具挑战性的，无法凭直觉获得。如果企业过于关注核心业务，反而会妨碍其辨识出这种机会，因为它能满足顾客计划之外的需求，但在提出前顾客往往意识不到，数据就是最好的例子（如图 4-3 所示）。

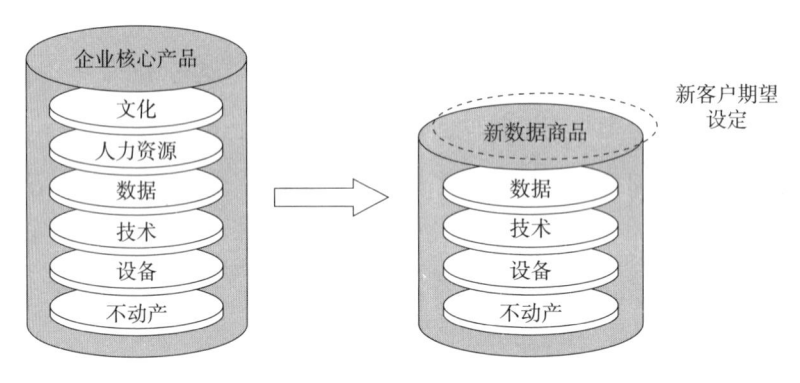

图 4-3　资产边缘机会的例子

资料来源：《延展业务边界——发掘近在咫尺的金矿》，艾伦·刘易斯、丹·麦科恩著，中国人民大学出版社，2019 年。

2020 年 1 月，任正非签发总裁办文件，对华为组织架构做出新一轮调整。主攻云计算产业的 Cloud & AI 部门，由业务单元（BU）升级为业务集团（BG），正式成为华为继运营商 BG、企业 BG、消费者 BG 之后的第四个 BG，帮助企业挖掘数据资产。

2021 年 10 月，华为在松山湖举行军团组建成立大会，成立了煤矿军团、智慧公路军团、海关和港口军团、智能光伏军团和数据中心能源军团五大军团，以应对美国封锁给公司带来的冲击。

任正非在大会上表示："和平是打出来的，我们要用艰苦奋斗、英勇牺牲，打出一个未来 30 年的和平环境，让任何人都不敢再欺负我们，我们在为自己，也在为国家，为国舍命，日月同光，凤凰涅槃，人天共仰，人们会记住你们的，等我们同饮庆功酒的那一天，于无声处听惊雷。"

这并不是被逼无奈的多元化出击，而是立足公司核心能力的边缘战略延续、边缘机会发掘，开放与聚焦就这样被整合在一起，而这就是华为能在艰苦环境下"活下来"的灰度哲学。

对企业家们而言，与其劳民伤财进入别人的领地，不如俯下身来，用心发现那些"低垂的果实"。

小结：保障组织的"战略执行力"

我们用两章的篇幅，分析了任正非领导哲学模型最上端的"变"字。它立足于华为的组织变革，体现了任正非的战略和组织能力。

这一部分，我们总结了任正非在不同阶段的组织构建原则，但它们都统一在最低也是最高的组织目标之下：活下去。

在创业初期，华为是没有战略可言的，支持华为活下去的是"海盗文化"。通过创新、冒险、分享和"力出一孔，利出一孔"，华为度过了艰难的生存期，但"海盗文化"的负面影响也一度让华为走到了崩溃边缘。

任正非的过人之处，恰恰是完成了对"海盗文化"的扬弃，把华为从"团伙"变成了充满活力的"无边界组织"，做到了"方向大致正确，组织充满活力"。

在聚焦主航道的同时，任正非不断采用边缘战略，在不知不觉中完成了公司增长引擎的切换。在这个过程中，华为表现出了惊人的组织弹性和灵活性。任正非"争气""追光"的个人价值观，也在此过程中逐渐变为组织的绩效导向、灰度管理。

战略的核心要领在于执行，华为从来都强调执行力胜于战略。在华为，有个词叫战略执行力，即战略与执行浑然一体，难以区分。战略制定的过程，很可能也是战略执行的过程，因为战略的本质是满足客户需求，而对客户需求的理解和满足，需要在执行的过程中不断澄清目标，给出解决方案。

当然，客户的需求也在不断变化，满足客户的需求也不是一步到位、一蹴而就的事情。战略制定，从来都是从混沌模糊到逐步清晰的过程，所以组织活力尤为关键，只有激发组织活力，才能让战略真正落地。

保障战略执行力，既要有公司领导的高度重视、长期努力，也要有合适的战略管理工具。2009年，华为从IBM引进的业务领先模型（Business Leadership Model，BLM）在华为组织变革中起到了至关重要的作用，一直沿用至今（如图4所示）。

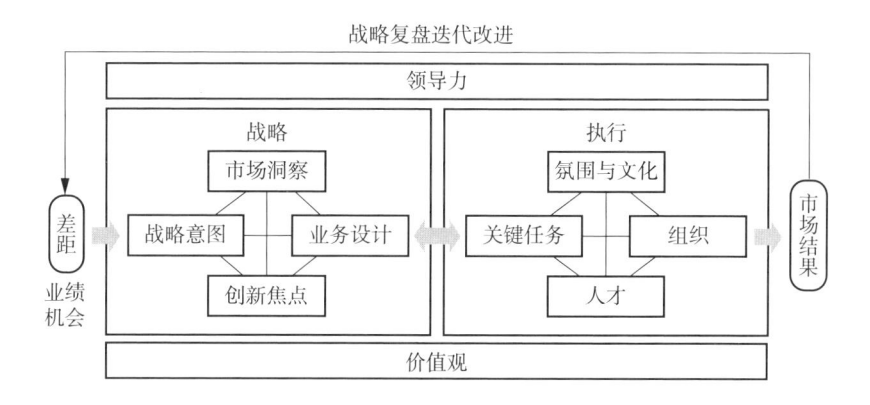

图4　IBM的BLM

资料来源：根据公开资料整理。

这是IBM中高层用于战略制定与执行连接的工具。它以差距为起点，以领导力和价值观为战略的两道堤坝，从市场洞察、战略意图、创新焦点、业务设计入手，通过人才、组织、氛围与文化和关键任务锁定战略的制定和执行，达到"上下同欲者胜"的目的。

对企业，特别是大型企业而言，在组织变革时，一定要找到合适的工具，让企业内部目标、语言、方法、行为一致，才能保证强悍的战略执行力。

另一个值得关注的地方是，华为从组织层面入手，构建了一套不同于传统自上而下的金字塔式，像蜘蛛网一样分布的战略组织体系（如图5所示）。

集团	战略职能平台			
	战略与发展委员会	战略研究院		公司战略部
BG区域	ICT战略与Marketing部		消费者战略与Marketing部	
	×××BG/BU	×××区域	×××BG	×××区域
	战略与业务发展部	战略与Marketing部	战略与业务发展部	战略与Marketing部
业务单元	×××产品线	×××代表处	×××产品线	×××代表处
	战略与业务发展部	战略与Marketing部	战略与业务发展部	战略与Marketing部

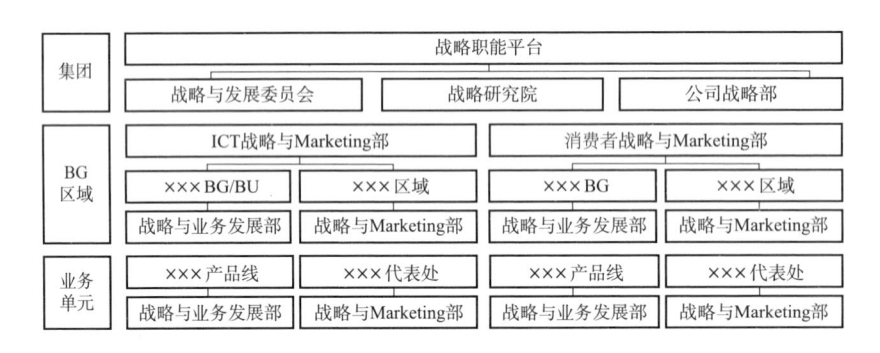

图5 华为战略架构

资料来源：根据公开资料整理。

集团层面有战略与发展委员会、战略研究院和公司战略部，共同构成战略职能平台。

战略与发展委员会由公司高层组成，只做重大战略决策，不参与日常事务；战略研究院主攻5~10年内的颠覆性技术，确保公司不迷失方向。这两者地位相对超然。公司战略部则是公司董事会、经营管理层的参谋机构，职能包括战略规划、投资、产业合作等。

战略职能平台之下，有两大业务管理委员会，即ICT战略与Marketing部（ICT基础设施业务管理委员会）、消费者战略与Marketing部（消费者业务管理委员会），前者对应华为的运营商BG、企业BG、Cloud&AI BG，后者对应消费者BG。

具体到各BG/BU/业务单元/产品线，设有战略与业务发展部，从战略研究和管理层面支持业务单元或产品与解决方案的成功落地。同时，在各大地区部/代表处，设有战略与Marketing部，专注于当地细分市场的战略洞察、差异化市场战略，辅助地区代表处精准快速地决策，同时推广华为产品和品牌。

这种组织架构，让华为每个业务板块都分布有战略相关部门和战略规划人员，真正做到了战略"上接天气、下接地气"，从而将战略变为执行力，支撑华为400多个业务单元的全球作战和公司的整体商业成功。

这种人力、财力的投入，一般企业难以企及。但这种设计思路，以及"组织最大的迷失是战略迷失""战略决定组织架构，组织架构保证企业执行力和协同性"的指导思想，值得所有希望企业成功的老板深入思考：战略怎样转化成执行力？怎样在执行中通过洞察和反馈，让战略逐步完善、日益清晰？

这才是"方向大致正确，组织充满活力"的真正含义。

文化篇

HUAWEI

第五章　客户 VS 员工：沟通是自我批判的前提

从 2012 年到 2020 年，华为完成了从 2B 到 2b、2C 的业务转型。

1987 年华为初创时，不知道做什么，甚至卖过减肥药，折腾很久选择了代理销售交换机。因为"无知"，任正非选择了自主研发，走入通信行业。

三十多年来，华为的业务一直在进化，组织不停在变化。从"以产品为中心""海盗文化"到"以客户为中心""工程商人"，再到"三驾马车""四大 BG"；从 CT、IT 到 ICT 行业龙头，直至现在进入信息行业的"无人区"，直面美国的封锁和打压，但华为近 20 万员工却表现出了惊人的服从性，将个体行为最大限度地调整为合乎组织的文化、制度和行为范式。

不仅如此，当华为面临美国"实体清单"的极限施压时，公司员工反而爆发出同仇敌忾、万众一心的惊人凝聚力。有人接到外界的工作机会却主动放弃,因为"这个时候离开会让人觉得是'逃兵'";有人已经退休或离职,却申请延迟退休或者不要工资回来做贡献;有人愿意再次降薪来华为,一起共渡难关……

2020年3月,在接受《华尔街日报》采访时,任正非肯定了危机对华为组织激活的价值:"我们公司本来也是散趴趴的公司,因为几十万人很难凝聚起来,但是美国政府一打压我们,所有员工都知道死期逼近,如果不努力,我们就一定会死掉,所以吓得每个人都很努力。"

他认为,"基层有很大的干劲,高层十分冷静,这就是我们胜利的基础"。

这种凝聚力是很惊人的。众所周知,知识分子天然地追求独立,反叛秩序,反叛权威与偶像,但华为为何能做到让这些知识工作者"心往一处想,劲往一块使",而且二三十年一直如此,让多数华为人都觉得在华为工作就是为自己奋斗?

物质的刺激固然重要,但文化的"润物细无声"才是更为关键的。

对高绩效来说,文化越强大,组织越有效。因为组织是独立于个体而存在的事物,没有具体的形态,但我们却能通过文化时刻感受到它的存在。正如任正非所言:"资源是会枯竭的,唯有文化会生生不息。一切工业产品都是人类智慧创造的,华为没有可以依存的自然资源,唯有在人的头脑中挖掘出大油田、大森林、大煤矿……"

华为的企业文化是什么?"以客户为中心,以奋斗者为本,长期艰苦奋斗,坚持自我批判",这是塑造华为企业文化的核心价值观,也是华为的经营哲学。

对这四句话,无论是任正非、华为,还是外界的各种解读,已经多如牛毛,无须赘述。本书想探讨的是企业文化与领导力的关系。

众所周知,组织文化与组织领导息息相关。有观点认为,领导者所做的唯一真正重要的事情,就是创建和管理文化。企业文化的核心是使命、愿景、价值观,这些老生常谈的东西要和日常行为挂钩,需要领导力作为企业文化有效性的发动机,否则只能是镜中花、水中月,沦为"员工活动""组织氛围"式的形式主义。

沟通,因此成为超强领导力的基础。而任正非则是此中高手,其必杀技就是真诚。

领导者的困惑

为什么我的员工不能像华为员工一样,肯负责、听指挥、主观能动性还强?

为什么精心制定的企业文化,从来都是飘在空中,人人都挂在嘴边,却丢在脑后?

为什么费钱费力引进咨询公司,还主动掏钱把高管、员工派出去学习,换来的却是"老板被洗脑了""扎扎实实陪老板走过场"?

公正地说,中国老板是最善于学习成功经验的群体。在度过最初的生存期后,老板们突然发现,要带领成百上千的员工前进,不靠企业文化是搞不定的。于是,四处求师问道,今天研读《弟子规》,明天学习王阳明;这个月是韦伯信徒,赞扬清教徒,推崇杰克·韦尔奇的"数一数二"和"末位淘汰",下个月换稻盛和夫,讲"敬天爱人",赞扬阿米巴组织的灵活和日本的"终身雇用"……

更有甚者,虔诚地将各种仪式化的东西引进公司,有组织进教堂的、攀登井冈山的、学唐僧取经的、背诵《孙子兵法》和《道德经》的,甚至还有写功过格的……

他们都希望打造一套文化范式,来赢得客户与员工的普遍认同,但收效甚微。

原因何在？看看楚汉争霸的故事。

韩信是这样评价霸王项羽的:"项王喑恶叱咤,千人皆废,然不能任属贤将,此特匹夫之勇耳。项王见人恭敬慈爱,言语呕呕,人有疾病,涕泣分食饮,至使人有功当封爵者,印刓敝,忍不能予,此所谓妇人之仁也。"

这段话贡献了两个成语:"匹夫之勇",说的是项羽不能任贤用能;"妇人之仁",说的是项羽不懂分享,有功当封爵给印的人,项羽把印拿在手里,都盘包浆了也舍不得送出去。

汉高祖刘邦与之形成了鲜明对比。陈平认为,"项王为人,恭敬爱人,士之廉节好礼者多归之。至于行功爵邑,重之,士亦以此不附。今大王慢而少礼,士廉节者不来；然大王能饶人以爵邑,士之顽钝嗜利无耻者亦多归汉。诚各去其两短,袭其两长,天下指麾则定矣"。

对待郦食其、英布和雍齿的做法,形象地说明了为什么刘邦能笑到最后,建立汉朝。

郦食其是年过六旬的儒生,也是中国历史上著名的说客。刘邦不喜欢儒生,曾做出摘下儒生帽子当众撒尿的无礼举动,跟人谈话也动不动破口大骂。郦食其来见他时,刘邦坐在床边让侍女洗脚（这是当时非常侮辱人的行为），郦食其责备他如果想聚合民众、推翻暴秦，就不该用这种态度来接见长者。刘邦于是穿戴整齐，请郦食其上座并向他道歉。郦食其帮他攻下陈留，屡立战功。

英布是秦末汉初名将，早年犯法当过囚徒，因军功在项羽分封诸侯时立为九江王。他叛楚归汉，被项羽击败，逃到刘邦处，刘邦洗着脚接见他，态度也很傲慢无礼。英布怒火燃胸，后悔到想要自杀。但当来到刘邦为他准备的住宅，见到帐幔、用器、饮食、侍从官员等待遇跟刘邦同等规制，英布又喜出望外，认为刘邦很有水平。刘邦封英布为淮南王。垓下之战时，英布会合刘邦、韩信和彭越，困死了项羽。

雍齿是西汉开国功臣、什邡侯，他跟刘邦是老乡，但素来轻视刘邦，刘邦痛恨他。刘邦起义后，派他驻守丰邑，他却投靠魏国。刘邦大怒，回兵攻打，前两次都没打下，第三次向项梁借兵才打赢。后来雍齿从属赵国，再降刘邦。

刘邦称帝后，封赏大功臣二十多人，其余的人日夜争功，不能决定高下，一时未能得到封赏。在洛阳南宫，刘邦从楼阁复道上望见一些将领常常坐在沙地上彼此议论，打听到他们在讨论造反，就问张良该怎么办。

张良问刘邦，谁是他最痛恨，且大家都知道他痛恨的人？刘邦回答说是雍齿，因为这个人多次让他受窘受辱，早就想杀，但因雍齿功劳多而不忍心。张良建议先封赏雍齿，以安群臣之心。刘邦于是摆设酒宴，封雍齿为什邡侯，并催促丞相等评定功劳，施行封赏。

群臣见雍齿都被封赏，对自己能受封便坚信不疑，一场政治风波就此消弭于无形。

楚汉的企业文化差距在这三个案例上表现得淋漓尽致，刘邦在这一过程中体现了卓越的领导力，也以身作则地塑造了"用人唯贤""礼贤下士""包容大度"的团队文化。

反观上文提到的老板们，做不好企业文化的根本原因，不外乎三点：

一是老板不能以身作则，发心动念就是反契约精神的，是把员工当工具而非共同体。

二是企业文化价值观与其文化范式之间是脱节的，不能形成真正可传承的精神力量。

三是使用生硬灌输的方式，而非有理有据的沟通、坚定不移的红线和"润物细无声"的浸染。

任正非的案例

怎样管好高智商的知识分子群体？

任正非的方式是理解、承诺、沟通和兑现的 PDCA（计划—执行—检查—处理）循环。

从领导风格来说，任正非是很刚性的，不喜欢讲废话，也没有耐心倾听，骂人很狠，罚人很重，不在乎面子，还爱揪干部特别是高管的"小辫子"，犯了错误要降职降薪也就算了，还要"杀人诛心"，犯错的高管不但要公开写检讨、大会小会批，还要在相当长的时间里被拉出来做反面教材。

但他批人的风格是"高高举起、轻轻落下、霹雳手段、菩萨心肠"，而且他有着中国乃至世界企业家罕见的同理心，在传达理念方面更是有着极致的耐心和柔性的手段。

创办华为前,任正非是大学生、军人和技术专家,也是走投无路、对财富和权力有巨大饥饿感的创业者。这构成了一个悖论,也就是被他称为华为最低和最高纲领的"活下去"。

最低指的是生存,最高指的是使命——功利主义的华为,也是理想主义的华为!

走投无路的同理心,让任正非在创业早期反复强调:"我们要把那些一贫如洗、胸怀大志的人引进华为。"在他看来,钱给多了,不是人才也变成人才了。他通过"分银子、分位子、分面子"的海盗文化,让员工们把对财富、权力和成就感的渴望转化为面向客户创造价值,华为也随之发展壮大。

华为人公认,任正非气魄很大,而且动不动就给人承诺。早年华为还在为生存挣扎时,他就公开跟员工讲,将来要买大房子,三室一厅或四室一厅的,特别是阳台一定要大。因为,"华为将来会分很多钱。钱多了装麻袋里面,塞床底下容易返潮"。

他也很善于满足知识分子的自尊心。无论是招聘时的"签字费"、报销路费,还是让新招聘的大学生坐飞机报到,抑或充满仪式感的各种公开表彰、奖励,都体现了这一点。"10 年后,通信行业华为三分天下有其一""市场部野心比你们大,他们个个都称自己是国际营销专家""你们做的事情很伟大,比贝尔实验室还要伟大……"

在职位上,任正非也相当慷慨。创业早期,华为拥有"副总裁"头衔的人前后有数千人之多,这样做能够引起客户重视,也能提升员工的成就感。2015 年前后,任正非多次在内部强调:"为什么不能有少将连长、中将营长呢?为什么不能有 23 级的客服呢?多弄几个纽扣不就多几个将军？总干部部不要太抠门！"

这是基于人性的深刻洞察，是将星闪耀、人才辈出、是骡子是马拉出来遛遛的权力开放，是削平"山头"、激活组织、"干部能上能下"的大魄力、大格局。

知识经济时代，知识分子不仅需要"形而上"的"自我实现"，也看重"形而下"的物质需求，特别是"95后""00后"。华为对不同层级员工的要求是，高级干部要有使命感，中层管理者要有危机感，基层员工要有饥饿感。

与望梅止渴、画饼充饥的老板们不同，任正非能做到言行一致，对员工的承诺从不失信。这才是尽管当时员工都觉得老板"吹牛""啥也不懂"，却半信半疑、激情澎湃地"跟着走"的关键原因。

毕竟，这样"不自私"，肯"分银子、分位子、分面子"，且主动选择分出股份，自己只占1.4%的老板极为少见，颇有刘邦不拘小节、"先封雍齿"的风范，令人安心。

如果说创业者的一面，让任正非懂得了"饥饿感"的重要性，那么军人和技术专家的一面，让华为从诞生之日起，就有了鲜明的"类军营文化"和"类校园文化"的特征。

士兵都是年轻人，学生也最为单纯且富于理想主义，所以任正非的"吹牛"，才能"一个敢吹，一群人敢信"。华为创业初期，任正非很像检查晚自习的班主任，经常下班后跑来看加班的员工，有时跟大伙聊会儿天、吹会儿牛，有时默默在加班的员工桌前放下一份宵夜、几瓶饮料，然后回家。员工们则热血沸腾，一边吐槽老板，一边干劲满满地加班到深夜。

但青年人也是最具独立性和反叛性的，如果没有实打实的激励和对承诺、使命的坚持，当初饼画得有多大，后面所遭受的反噬就有多大，华为能延续至今，功利主义与理想主义的互动平衡是决定性因素。

从创立之日起，华为始终坚持让各级管理者写各种各样的心得体会。华为领导层向员工推荐过许多影视剧、书和文章，从影视剧中学习治企是华为的一大特色。对干部的心得体会，任正非会认真阅读，并把其中观点深刻、意见中肯的文章推荐到内部媒体，如《华为人》《管理优化报》和心声社区等，让员工卷入讨论。

华为极度重视案例，要求每个人每个季度都要写案例，不写案例就写心得，强调"项目做完了不输出案例就等于浪费"。同时强调自我批判，并强调"制度的批判"，比如组建蓝军部、以常务董事会决议的方式要求每半年召开一次民主生活会等，最典型的就是先后组建了一系列功能不同的媒体矩阵，包括1993年创办、面向客户的《华为人》，1997年创办的《管理优化报》（针对内部），2008年上线的心声社区等。

最能体现这种"制度性批判"的，就是著名的"马电事件"。

2010年8月，马来西亚电信（以下简称马电）CEO给时任华为董事长的孙亚芳写了一封信，直率地批评了华为在马来西亚国家宽带项目上的表现，认为华为没有达到他们对于一家国际大公司专业标准的期望，要求与孙亚芳在两周内见面，探讨这些关键而紧急的问题。

被客户投诉是企业经营过程中很常见的事情，马电CEO的态度也很平和，但对华为的失望态度溢于言表。更令孙亚芳惊讶的是，事发5天后，华为内部没有找到一个能代表公司出面解决问题的人，直到孙亚芳从国外出差回来。

看完邮件后，孙亚芳先给销售与服务总裁打电话，得到的答案是"我们正在处理，您先等着"，又拨通亚太区总裁的电话，得知对方已回国探亲。

从邮件中看到此事件涉及软件问题，孙亚芳打给软件公司总裁，得知"不是我们的问题，我们的问题今天已经全部解决"；又打给全球技术服务部总裁，得知"我爸腿摔了，我回家看一看，已派了助手和地区部主管交付的部长了解情况"；再问南太平洋地区部总裁，回复是"我和马来西亚代表处一起抓一下，全球技术服务部总裁一周后来马来西亚支持"。

董事长秘书询问马来西亚代表处代表在哪里，发现他在外地陪客户，不在马来西亚。

这事很快传到了任正非耳中，由此发起了一次"我们还是以客户为中心吗？"的自我批判活动。2011年初，《我们还是以客户为中心吗？！——马电CEO投诉始末》以新年贺词的方式，占2.8万字的篇幅，登上《华为人》的头版头条。

一般而言，这种内部事件只会登在《管理优化报》上，登上正能量的《华为人》意味着家丑外扬，因为华为的供应商、客户、员工、竞争对手和政府领导都能看到。此事在内部的心声社区也掀起了轰轰烈烈的讨论。

这是华为发展史上的重要警示，任正非选择了以自我批判、公开曝光的方式，为公司文化和价值观画下了不可逾越的红线，也展示了什么叫"企业最好的危机公关就是自我批判""只有强者才敢于自我批判"。

任正非的启示

企业文化与领导力，是一个硬币的两面。

企业文化最初是由领导塑造的，但出现以后，就成为选择领导者的标准。任何组织行为都是塑造企业文化的涓涓细流，需要下功夫思考、牵引，因为它意味着稳定和刚性，教会我们在特定的组织中如何感知、感受和行动，帮助我们在所从事的工作中发现意义。

"有权力塑造他人行为和价值观，就是领导力，也是创造形成新文化的条件"，美国麻省理工学院终身荣誉教授、"企业文化之父"埃德加·沙因认为，领导者要识别企业文化中的有效和无效要素，关注企业文化演变，领导企业文化变革，重要的是领导者持续关注，而非关注的强度。

这就是任正非所说的"思想权是最大的权力"，他也因此极为重视读书、写作和讲话，灵活运用多种方式与客户、员工和外界沟通，举几个例子说明一下。

1. 华为创办早期有了些钱，建了两栋漂亮的大楼，还在上海研究所基地建了大展厅，里面有条22米宽、35米高、650米长的走廊，房子大到可以进行直升机飞行表演。

这让很多员工有意见，觉得是浪费。设计之初，华为高层也不同意，只有市场部据理力争，最后说服了任正非。因为这是为客户建的，客户一看，这个公司很漂亮，不像要垮的样子，把合同给他们吧！

"所以说，这个房子也是客户掏钱建的，这一点一定要明白。我们是为客户服务嘛，客户看了舒服，我们就为他建。"在2002年的年终总结中，任正非这样说服员工。

在华为进军海外时，这些建筑物也发挥了重大作用，请国外客户参观中国、参观华为、参观实验室，是华为早期获取客户信任的"三板斧"。

2. 华为在早期做交换机代理业务时，毛利率高达80%左右，却"自讨苦吃"，给客户承诺维修，甚至包退包换，公开发放"订货与退回一视同仁"的广告。

转型自主研发后，打不进主流市场，就选择"农村包围城市"，从乡镇、矿山等边缘市场的机房进入，靠服务和艰苦奋斗硬生生一个一个点啃了下来。早期华为的产品质量差，硬是靠堆人力、拼服务，24小时及时响应，一点点积攒口碑，感动客户，才有了那两句著名的口号"烧不死的鸟才是凤凰""从泥坑中爬出来的才是圣人"。

但在艰苦奋斗的同时，任正非坚持自我批判。

1999年，某省GSM通信设备招标，华为也参与投标，但最后没有华为的份额。原因是竞争对手拿了《管理优化报》给客户，报上指出了华为的GSM存在的问题。

办事处主任向任正非投诉《管理优化报》，但任正非表示：因为自我批判丢了一个大单不算什么，自我批判带来的产品进步将会换来更多的大合同。客户深入想一想，就会明白华为暴露问题是为了改掉缺点，这反而会获得更多的客户信任。

3. 2002 年前后，任正非遇到了"华为的冬天"。

任正非回忆说："当年精神抑郁，就是为了一个小灵通和一个 TD，痛苦了 8 到 10 年。"当时，华为持续 8 年投入几十亿元的 WCDMA（宽带码分多址）技术，由于政府迟迟不发放 3G 牌照而颗粒无收。公司人心动荡，任正非自己又遭遇了母亲车祸离世的变故。

伴随着重度抑郁、手术和亲人离世的伤痛，任正非饱含深情，在内刊发表了在公司内外引起巨大反响的三篇文章：《我的父亲母亲》《华为的冬天》和《一江春水向东流》。

《我的父亲母亲》发表于 2001 年 2 月，让我们得以较为全面地了解任正非的身世。这篇文章是一位企业家灵魂的自我表白，也是一代商业领袖艰辛成长史的写照！

这篇文章让华为的很多客户、供应商第一次真正了解了任正非，惊叹其内心的敏感和生命力的充沛。文中真挚的家国情怀深深地打动了社会各界，是华为"出圈"的起点。

《华为的冬天》发表于 2001 年 3 月，2000 年华为销售额 220 亿元，利润 29 亿元，位居全国电子百强首位，但任正非已经意识到凛冬将至。

任正非在文中大谈危机和失败，要求华为实现均衡化和模块化发展。2001 年 5 月，华为将旗下的安圣电气以 65 亿元卖给了艾默生。同年，华为 454 个总监级以上干部申请自愿降薪 10%。

《一江春水向东流》发表于 2011 年圣诞节，其目的是为华为实施的轮值 CEO 制"鸣锣开道"。这是华为历史上非常重要的一篇文章，不但系统阐述了华为创立的早期历史和任正非的管理思想，还奠定了华为此后凡有重大变革,必先文章开路的行为方式。

据悉,任正非背后有一个强大的"华为企业家思想整合小组",这篇文章是由任正非、华为高管团队、内部写手团队、外部专家团队通力协作而成的。在文章发布之前,据说已经过3900多位精英人士的评议,文中语气看似随意,但每个标点符号和语气词都经过了精心打磨。

4.任正非不仅重视对谁说、怎么说,还极为重视沟通渠道。

古罗马人最推崇的两项技能:一是打仗,二是演讲辩论,因此形成了城市中重要的公共空间——罗马广场。它是一个多功能的开阔空间,罗马人将其作为演讲辩论、发布公告、欢度节日的社区场所,它还是市场、露天法庭、政治和军事集会的举办地,甚至能进行角斗表演。

心声社区就是华为人的罗马广场,是华为员工思想、信息和声音的集散地。

华为绝大多数文件和高层讲话都是第一时间发布于心声社区,员工可以在社区内实名或匿名发表意见。心声社区是企业政策、制度的辩论场,也是华为的"人才发现池"、大众监察厅和正能量传播场。

心声社区诞生时,各级主管颇为不满,认为这是"电子大字报",让管理者压力很大。但任正非坚持认为,真理越辩越明,让人说话天塌不下来。从任正非、轮值董事长到各级总裁、主管,都曾在心声社区遭受过"炮轰"。

不扣帽子,不打棍子,不准打击报复,是华为对待心声社区的原则。任正非多次说,自己常看心声社区,表扬的不看,只看骂华为的言论。曾有高管想查某篇匿名批评文章作者的工号，心声社区负责人将此事反映给了任正非，任正非的回答是："把我的工号给他。"

华为也从中发现了不少人才，"You can you up"的故事多次发生，高层认为"不行大不了把他再换下来嘛"，以至于后来多了一句"No can no bb"的梗。

天涯网曾是中国最大最火的论坛，曾经有个华为天地的子板块，很多华为员工在上面讨论、交流、吐槽公司，贴出了不少华为的内部信息，甚至还有相互举报的帖子。

面对层出不穷的小麻烦和舆论压力，有高管提出对外跟天涯交涉，对内禁止员工去天涯发帖，但任正非提出：为什么不可以家丑外扬？员工只要坚持实事求是，有不对的地方又有何妨？说两句错话有啥了不起？要适应，要顺流，不要担心木筏会碰上激流。

正如"少将连长""中将营长""副总裁"满天飞一样，华为对离职员工的言论也相当宽容，甚至鼓励前员工讨论、批评华为。在离职员工的管理上，华为删除了"维护公司声誉"这条，因为觉得声誉是维护不住的，只有改好才行。

这是华为成为公众公司的重要原因，大量华为前员工写了很多探讨华为的书，华为从中学到了很多，甚至主动拜托其探讨、批评，比如田涛老师的《下一个倒下的会不会是华为》。

多年间，任正非不愿参加评奖活动，不见媒体记者。他解释说，这是因为自己有自知之明，对媒体说什么都不好，说好了会被说成浮夸，说不好人家又不信，还会被说虚伪。

但自2010年开始，他就多次在内部提出要改善与媒体的关系，强调不要把自己的精神病态变成十多万人的麻木。"我和媒体打交道的方法存在障碍，我可以做鸵鸟，但公司不能做鸵鸟""做媒体关系的人不要怕说错话""永远不要利用媒体"。

随着华为进军海外、杀入消费品业务，任正非开始直面记者，并鼓励公司高管多与媒体接触。孟晚舟事件后，任正非更是频繁与媒体沟通，"美国说什么大家都容易相信，因此华为承受负面压力过大，自己有责任出来多讲一讲"。

在遭遇美国多轮打压后，与媒体沟通也成为任正非传递信心、获得支持的重要手段。

在网站中看到的一张照片，被任正非看作华为的象征，那是一架伤痕累累的"伊尔-2轰炸机"。它在"二战"中经历了枪林弹雨，被打得像筛子一样，但方向盘和发动机仍完好无损，坚持飞行。

我们要如何行动？

一般来说，企业文化有三种来源：组织创立者的信念、价值观和假设；组织成员在企业文化演变过程中的学习经历；由新成员和新领导带来的信念、价值观和假设。其中，最重要的是第一种。

"天下最难的事情，莫过于把别人的钱装进自己口袋，把自己的思想装进别人脑袋。"后者更难一些，因为后者做到了，前者就是自然而然的事。任正非能够聚集20万知识分子，是因为他足够真诚，有企业老板们罕见的同理心，并能做到知行合一、有效沟通。

真诚是最自然的领导方式，也是领导力的黄金法则。20世纪盛行的等级制和命令式领导已逐渐退出舞台，唯有真诚的领导者才能用一个共同的目标，将身边的人聚集到一起，授予他们足够的权力来担负起领导责任，并最终为所有的利益相关者创造价值。

任正非认清了自己的脆弱、恐惧和渴望，并通过沟通向其追随者展示了自己的脆弱和真实，但这并没有影响他的领导力，反而让员工感受到了他的真诚，他也因此走出抑郁、找到自信。而惊人的同理心又让他能从物质和精神两方面入手，把华为打造成一个"上下同欲"的利益共同体、事业共同体、命运共同体。

对民营企业而言，老板文化就是企业文化。VUCA时代，领导者都在追求更高层次的真诚，因为你无法弄假成真，员工凭直觉就能判断出你是不是洗脑、是不是忽悠。如果你对自己都不真诚，没有清晰的价值观，又怎么可能打造出持久的企业文化呢？

但仅有真诚是不够的，你还要懂沟通、会落实。埃德加·沙因的睡莲模型是我们创建企业文化最常使用的有效工具（如图5-1所示）。

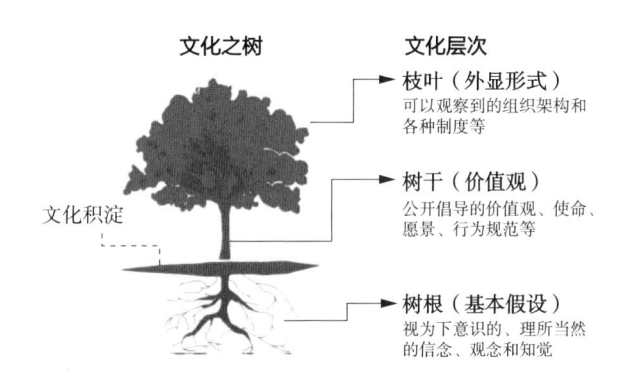

图5-1 沙因的睡莲模型

资料来源：《组织文化与领导力》，埃德加·沙因著，中国人民大学出版社，2019年。

睡莲模型清晰直观地说明了企业文化的三个层次。最上面的枝叶，是企业文化的外显形式，比如旗帜、服装、歌曲、口号、建筑装饰等；中间的树干，是使命、愿景和价值观，还包括公司理念和行为规范；最下面的根，则是公司的基本假设，是那些视为下意识的、理所当然的信念、观念和知觉。

以华为为例，《华为人》《管理优化报》、心声社区、漂亮大楼等，就是华为文化的枝叶；"以客户为中心，以奋斗者为本，长期艰苦奋斗，坚持自我批判"就是华为文化的树干；"只有客户能给我们钱""华为是'四大皆无'（无资金、无技术、无人才、无背景——华为创业初期的自嘲），只能依靠艰苦奋斗""决不让雷锋吃亏"，就是最下面的根，是华为的基本假设。

这些基本假设，才是华为能够形成"客户"与"员工"的对立统一关系，并用"艰苦奋斗"和"自我批判"作为护法神器的沟通哲学之基础。

值得一提的是，华为还有一个基本假定，即"不信任"。它既包括对人性懈怠的不信任，因为奋斗的动力很难自发产生，需要媒介、压力和监督；也包括对人性弱点的不信任，任正非坚决不肯将"有福同享，有难同当""疑人不用，用人不疑"作为华为企业文化的一部分，更强调向西方学习"工具理性"，原因也在于此。

但事物总是发展变化的，认识也是呈螺旋状上升的。近年来，任正非多次强调"炸掉金字塔"，要重新从"不信任"走向"信任"，就是"否定之否定"，我们将在后续章节中进一步讨论。

那么，您公司的"枝叶""树干"是什么？作为企业文化之根的基本假设又是什么呢？

这才是企业文化的灵魂所在，也是向任正非学沟通的底层逻辑。

第六章　组织 & 英雄：变革的是利益，更是文化！

2016年5月末，全国科技创新大会在人民大会堂召开，任正非代表华为在会上进行了汇报发言。任正非说，华为正在本行业逐步攻入"无人区"，处于无人领航、无既定规则、无人跟随的困境。

他认为，华为跟着人跑的"机会主义"高速度会逐步慢下来，创立引导理论的责任已经到来。为此，华为要炸开过去封闭的人才金字塔结构，开放地吸取"宇宙"能量，加强与全世界科学家的对话与合作。

从2017年下半年开始，华为高层开始酝酿和讨论人力资源管理改革，要"去除30年沉淀的问题，帮助组织重新焕发青春"。在任正非看来，人力资源管理是华为商业成功与持续发展的关键驱动要素，但已不符合未来的发展趋势，急需做出改变。

换句话说，就是要变革人力资源管理的基本假设，从"不信任"转向"信任"的新管理体系。

这是因为，华为未来的经营模式是在共同价值守护、共同平台支撑下的各业务/区域差异化运作。华为从单一的运营商业务到四大BG（业务部），包括新成立的"五大军团"，是从"一棵大树"到"一片森林"的改变，所以既要统一思想，也要耐心改良。

新的业务差异，必然要求创新，要求减少不必要的管理层级和汇报动作，去除管控的枷锁。任正非认为，华为KPI考核标准已经落后于现实，不但弱化了共同奋斗的精神，还形成了自私自利的不良风气，要以责任结果为导向去简化KPI考核。

1997年，《华为基本法》出台前，有教授问过任正非：人才是不是华为的核心竞争力？任正非的回答出人意料，充满了哲学辩证。他说："人才不是华为的核心竞争力，对人才进行有效管理的能力才是华为的核心竞争力。"

因此，在《华为基本法》中，没有千篇一律地重复"员工是企业最宝贵的财富"，而是表述为"认真负责、管理有效的员工是华为最大的财富"。

30年，华为走了一个螺旋上升的循环。从最初的找"英雄"、寻"天才"，到"相信组织的力量"，拒绝个人英雄主义，再到如今呼唤更多天才加入华为，要求人力资源部认真学习《一个被"嫌弃"了23年的数学天才，累死才懂他的价值》的帖子（数学家陆家羲的故事），为能力潜伏期长的人提供合适的生存土壤。

组织与英雄的关系，为任正非数十年来反复强调，也是观察华为组织文化变革的一把钥匙、一个特殊的视角。

领导者的困惑

世界在急速变化，我们的公司也要随时应变。但是，改革真的太难了。老板们谈起这个都是一肚子苦水，比如：

从内部入手，面临的是错综复杂、盘根错节的利益关系；

好不容易从内外找到了愿意改革的人，但结果往往是一地鸡毛、惨淡收场；

苦口婆心、软硬兼施地推动变革，常常是新的没学会，连旧的都没保住。

改革本是为了公司、为了大家活得更好，结果不但得不到支持，自己还成了全民公敌。

事实上，自古至今改革者都很少有圆满的结果，即便已取得的改革成果，也很容易因为"人心散了、队伍不好带了"而付之东流。

导致改革失败的原因很多，其中很重要的一条就是：改革者所要面对的，不仅是错综复杂的利益，还有根深蒂固的文化惯性。

文化不仅存在于个体身上，也是驱动我们在企业内外的大多数行为的一股隐藏力量。领导者在组织中，不仅强化着现有文化，作为现有文化的一部分存在，还会创造新的文化元素。这种以文化创造、再现和强化为特点的相互作用，才造就了企业文化与领导力间相互依赖的关系。

埃德加·沙因教授认为，文化与企业发展的阶段有关，早期起作用的文化随着企业发展不一定管用。在创始阶段，文化与战略几乎是同一回事，而当公司稳定后，战略受文化制约，文化决定战略是否正确，此时战略与文化并无先后顺序。

比如建议一个数字设备公司向个人电脑转型，这在战略上可能是正确的，但得到的答案往往是："请走开，我们不想转向个人电脑！"——这就是企业文化的作用，也是公司的多数改革以失败告终的根本原因。

但华为历史上经历了多次转型，任正非以其高超的领导力，驾驶着华为这艘大船，躲开了变革中的暗礁和险滩，做到了文化与战略的相互促进、和谐发展。

任正非的案例

回溯华为发展历史上的文化意向，是件很有趣的事情。

从海盗、土狼、乌龟，到黑寡妇、薇甘菊，再到毛尖草、蛭形轮虫，以及李小文、"芭蕾脚"和伊尔-2轰炸机，可以看出华为在战略、组织、文化方面的发展历程。

海盗、土狼、乌龟，是华为创业早期所鼓励的文化，海盗文化前面讲了很多，这里简单说说土狼和乌龟。它们都是任正非在直面世界级的竞争对手时，对华为提出的要求。

任正非把西方公司比作"狮子"，华为公司则是"土狼"。土狼没有狮子的天分，就只能靠敏锐的嗅觉、不屈不挠的精神和群体奋斗、团队作战。

华为市场部早期有"狼狈计划"，即研发、市场系统必须建立一个适应"狼"生存发展的组织和机制，吸引、培养大量具有强烈求胜欲的进攻型、扩张型干部，激励他们像"狼"一样嗅觉敏锐，团结作战，不顾一切地捕捉机会，扩张市场。此外，还要培养一批善统筹、会建立综合管理平台的"狈",以支持"狼"的进攻,形成狼狈之势。

这是华为最早破圈的"狼文化",任正非曾把郑宝用比作老狼,把李一男比作小狼,强调华为要吸引更多的好狼,培养更多的小狼。但在"狼文化"开始席卷中国企业界之后,任正非认为外界误解了华为的企业文化,强调"狼文化"绝不是让各级干部又凶又恶,华为也不支持把这些人选拔进各级管理团队。

他说:"文化提供了一种人际相处的价值观,这种价值观是需要人们心悦诚服。又凶又恶的人是能力不足的表现,是靠威严来撑住自己的软弱,这种干部破坏了华为文化的形象,这种人不是真有本事,我们要及时更换。"

"乌龟精神"则是任正非一直引以为傲的,多次被用来在华为内部强调认定目标、心无旁骛、艰难爬行、持续努力。他说,华为就是一只大乌龟,不投机、不取巧、不拐大弯弯,跟着客户需求一步步地爬行。华为随便抓一个机会就可以挣几百亿元,但如果为短期利益所困,就会在非战略机会上耽误时间而丧失战略机遇。

他告诫华为人,奋斗需要理性,不要动不动就热血沸腾。华为需要的是热烈而镇定的情绪、紧张而有秩序的工作,一切要以创造价值为基础。"前面二十五年经济高速增长,鲜花遍地,我们都不东张西望,专心致志;未来二十年,经济危机未必会很快过去,四面没有鲜花,还东张西望什么?"

这种"狼"与"韧",让华为在市场中攻城略地的同时,也让供应商、合作伙伴和竞争对手深感恐惧、颇有戒心,将华为视为"黑寡妇"和"薇甘菊"。

"黑寡妇"是交配后就会吃掉雄蛛的毒蜘蛛,"薇甘菊"是南美的一种野草,它疯狂生长的速度超过了所有植物,只需要很少的水和养分就能蓬勃生长,具有强大的侵略性和扩张性,是被植物学家称为"每分钟一英里"的恐怖野草。它身边的其他植物,都会因其争夺水、阳光、养分而走向衰亡。

任正非为此多次倡导,华为要更自信、更开放,不做"黑寡妇""薇甘菊"。他希望华为更像是非洲大草原的"毛尖草",有着沉静内敛、抵御诱惑的"倒生长模式"。

毛尖草在成长初期,有半年以上的时间,露出地面的高度只有一寸左右,而同期的其他竞争者都争先恐后向上攀高。只有当雨季来临时,它才会像从冬眠中醒来一样疯狂生长,一天能长半米高,只需短短几天就能傲视群草,成为"草地之王"。

这是因为,最初的半年里它一直在向下发展,在地下默默经营自己的根系,不断向深处探索、汲取养分,存储后继发力的资本。任正非认为,这种"倒生长"就是华为的成长模式,最典型的代表就是自主研发的麒麟芯片。

近两年来,任正非多次谈到一种生物——蛭形轮虫,认为华为文化要像它一样,兼容并包,逐步建立起极限的生存能力和自我进化能力。

蛭形轮虫是一种单细胞的淡水无脊椎生物,身长只有 0.1 毫米至 1 毫米。它只有雌性,却在地球上繁衍了 8000 万年,并形成了 400 多个亚种。4000 万年前,它进化出了无性繁殖模式,这个发现推翻了此前科学界公认的"无性繁殖不可能使物种进化"的理论。

不管是细菌、病毒还是动植物,只要是有用的 DNA,都会被蛭形轮虫合并到自身的基因序列中,从而有效解决了单性繁殖导致的生物多样性走低问题。研究发现，它身上可以表达的基因中有 10% 来自其他超过 500 种物种的基因，即使其体内的 DNA 双链断裂，它也能在遇到水后将碎成片的 DNA 修复，并在修复过程中顺便攫取其他生物的有用基因。

蛭形轮虫因此获得了不可思议的生命力。它能够抗辐射，在无水环境下存活数年而不完全脱水，在冻土中被冷冻 24000 年后仍能够复活。科学家们甚至认为，这种进化方式可能是未来地球生物进化的一个必然趋势。

任正非由此引发联想：华为文化如同蛭形轮虫，是一条单基因链，必须通过各种内部变革和"基因融合"来防止熵增、沉淀和内卷化。

事实上，华为就是一个多元文化并存的企业。西方早期的"海盗文化"，以 IBM 为代表的现代企业管理，传统儒家哲学的"修齐治平，家国天下"，解放军和美军、俄军的军事文化、领导力培养，中国共产党的革命精神、制度体系，都对华为的企业文化和组织建设产生了深远的影响。

把这些串起来的，就是"长期艰苦奋斗，坚持自我批判"。艰苦并不是生活上吃苦，而是思想上的"吃苦"。华为几次全球广告，以李小文、"芭蕾脚"和伊尔 –2 轰炸机为主角，就是在反复强化这种认知，鼓励这种精神。

李小文是中国科学院院士、遥感应用研究所所长，带出了 160 多名博士、硕士。

2014 年 4 月，李小文以一张粗布麻衣、土布鞋，俨然庄稼汉的讲座照片红遍网络，被视为学术界的"扫地僧"。同年 6 月，华为在

《人民日报》《参考消息》《中国青年报》《21世纪经济报道》《第一财经日报》等多家媒体刊出一则广告，左边配图是那张红遍网络的照片，旁边是醒目的两行红字：华为坚持什么精神？就是真心向李小文学习。

芭蕾脚、伊尔-2轰炸机，也与之类似。前者的文案是法国大作家罗曼·罗兰的名言："伟大的背后都是苦难。"后者则强调"没有伤痕累累，哪来皮糙肉厚，英雄自古多磨难"。任正非通过对艰苦奋斗的强调，保证了华为在历次文化变革中兼容并包的同时，固守了文化底层逻辑的一致性。

但持续的变革，也并不是一蹴而就、没有代价的。每隔几年，华为总会闹出一些震动全国的大事，引发公众的质疑和舆论的批评。早期是对"狼文化"的争议，后来是员工猝死、规避劳动法事件，2019年则有"251事件""胡玲事件"。

如果说"251事件""胡玲事件"，还可以归结为员工个人利益与组织利益的冲突，那么"寻找加西亚""华为的土壤是否适合高精尖的博士生存？"（均为心声社区热帖）则暴露了亚文化层面的"工程师文化"与"HR文化"之间巨大冲突。

一般而言，研发型企业的离职率趋向稳定，知名外企的年离职率在5%以内，离职率超过10%则说明需要关注人力资源问题。华为的内部调查显示，博士离职的主要原因包括岗位与个人技能不匹配、主管技术能力弱致自身发挥受限、自身特有优势无法发挥、夫妻两地分居、薪酬等问题。其中"岗位与个人技能不匹配"排在首位，任正非在邮件中列举了大量事实，并发出了"转岗难，转岗难，人尽其才只是传说中的故事""'武大郎'的庙，无法提供'武二郎'的发挥空间"

的感叹。

邮件引发了华为员工的共鸣，高赞留言说："原来博士也存在随机分配的问题，什么时候能正视这个问题，而不是叫不醒装睡者？"被随机分配岗位、所学非所用、内部转岗过程政策不透明、部分主管人才的"私有化管理"、转部门很难且会被"穿小鞋"，并不是只有博士才会遇到。

冰冻三尺，非一日之寒。事实上，早在2016年左右，任正非已经关注到了华为文化在口头和现实中的脱节问题，并着手进行了一系列改革，2019年的两件事只是进一步放大了该问题。

2017年9月，任正非签发全员邮件，点名向华为前员工孔令贤致歉，说"是公司错了，不是你的问题。回来吧，我们的英雄"。该邮件大标题是"我们要紧紧揪住伟大人物的贡献，紧紧盯住他的优点，学习他的榜样。这要成为一种文化，这就是哲学"。

孔令贤是西安电子科技大学硕士，2011—2015年在华为工作，2015年底离职，技术移民举家迁往新西兰。在华为4年间，他曾破格连升三级，但最终选择了离职出走。

在孔令贤的博客中，他这样写道，"我也有幸跟几位领导们接触过，感受过他们在工作上的'狼性'，我心里知道，那种生活状态不是我想要的。其实，我并不追求事业上的成功，因为那种成功，需要付出的代价太大，基本上就是'一将功成万骨枯'"；"老老实实钻研技术吧，但自己的岗位工作性质又给不了我研究技术的保障。同时，看看那些所谓的'技术专家'和'架构师'，又让我觉得这条路有些自欺欺人"；"华为的工作状态，也不太适合我这种喜欢自由、希望利用工作之余有点个人爱好（健身、弹吉他、打球、游泳）、在家人需要我时能够立刻出现在家人身边的人"。

孔令贤并非孤例。2019年2月12日，任正非就曾经发过一封全员邮件，题为"打造战略领先的华为军团，怎样才能避免叶公好龙？（之一）作为公司创新主体的2012实验室及研发体系的博士员工群体为什么流失"。

邮件中的数据统计显示，华为公司博士类员工的5年累计平均离职率为21.8%。2014年被招进华为的博士群体，2018年只有57%依然在职，离职率超过43%。在被采访的82位离职博士员工中，有34人曾反映离职的主要原因是岗位与个人技能不匹配。

任正非的全员邮件中就摘抄了不少类似案例，比如一个做硬件研发的工程师，上岗后却被安排去做了算法开发，员工不得不重新学技术，因为就连内部转岗也有较高的门槛。

任正非正是从这一件件事情入手，一点点推动华为的企业文化变革，"炸开金字塔"。

任正非的启示

文化是什么？埃德加·沙因教授认为，文化是一个群体在解决外部适应性和内部整合时习得的共享基本假设。它的强度取决于时间长短、群体成员稳定性，以及他们共享历史的情感强度。

人类的复杂性体现在性格层面，团体组织和国家的复杂性体现于文化层面，企业文化也是如此。30多年的发展、近20万员工，让华为进入了"中年"，此时与其在成长期强调的确立、巩固、稳定和制度化的有效文化元素有明显差别，需要抛掉过去的一些成功经验，走出舒适区。

通过任正非在不同阶段对华为文化的解读，我们可以学到一些重要的启示和变革方法。

1. 文化变革是领导者的一项重要任务，领导者应该"顺水推舟""顺势而为"。

在企业创办早期，创始人的理念、价值观和行为规范，将为公司的文化奠定基调。不仅如此，创始人还要对文化进一步清晰和细化，比如任正非对"有福同享，有难同当"的拒绝，对"海盗文化"的扬弃和对"艰苦奋斗""自我批判"的推崇。

在企业文化出现后，任何组织行为都是塑造文化的涓涓细流，需要下功夫思考和引导。但企业文化的形成和构建，需要有事件推动，这些事件可能是设计的，也可能是自发的，领导者要洞悉事件发生的深层次原因和过程点。

任正非擅长从事件入手，剖析原因，反思流程。"马电事件"就是最典型的例子，充分利用内外各种沟通渠道来强化公司文化，也是华为可圈可点、先人一步的高明之处。

2. 任何组织都会有发展期、成熟期和衰退期，在成熟阶段变革文化是很痛苦的。

这是因为人们习惯于稳定的文化环境，组织进入成熟期后内部会形成超高的稳定性，员工习惯于抱守以前的理念和习惯而不愿改变，但 VUCA 时代的市场是不断变化的，老办法解决不了新问题。

这种时刻，公司就很容易出现风波、丑闻。但这并不可怕，因为这也是进行文化变革的好机会。比如，日本曾有公司宣布永不解雇员工，但当遇到生存困难不得不亲手打破这一神话时，变革就开始了。

没有一场危机的话，组织文化非常难以改变。领导者是企业文化的发起者和引导者，但同一种企业文化，在不同的历史时期可能会有完全相反的两种表现，必须尽可能理解企业深层次的文化假设。

比如个人主义和集体主义，这是文化最深层次的两个假设，如果组织利益和个人利益不一致，究竟要保护谁、牺牲谁，采取什么样的行动，主要取决于这两个深层次的假设。

从这个角度来看任正非，很容易发现在华为的不同阶段，公司的基本假设是不同的。早期是"海盗文化"，基本假设是"分赃"；成熟期是"艰苦奋斗，自我批判"，基本假设是"不信任"，宁可"先僵化，后优化，再固化"；当前则在坚持核心价值观的同时，潜移默化地改变华为文化的基本假设，要"炸掉金字塔"，从"不信任"管理走向"信任"管理。

这才是真正触及公司企业文化底层的变革，也是任正非塑造、变革企业文化的关键，因为基本假设才是企业文化的本质和核心，只有明确了真正的任务，领导者才能真正发挥管理的力量。

3. 公司发展壮大后，必然会产生各种各样的亚文化，要注意辨别、进行扬弃。

组织总是由各不相同的职业部门、等级层级和其他小团体构成，不同的职业群体、产品线、职能、地域和管理层级，分化出很多亚文化。

对企业而言，所处的发展阶段、企业文化的要素或者内部亚文化间的不协调，都可能成为严重的生存问题，尤其是当技术、市场条件和经济环境发生改变的时候。

比如，IBM 创始人沃森家族奠定的 IBM 基本信仰是"精益求精、高品质的客户服务、尊重个人"，但当郭士纳接手 CEO 时，以客户为导向的 IBM 文化几乎消失殆尽，现实中的描述是，没有一个人会说"是"，而人人却都会说"不"。

更典型的案例就是阿里 HR、华为 HR 10 年来在中国企业界的口碑变化。10 年前人人称赞的阿里政委、"价值观"第一，如今已被普遍视为 PUA 的手段、对"阿里味儿"的嫌弃。华为以前广受赞扬的秘书职业体系、人力资源管理，如今也被一系列负面事件影响，令公众祛魅、脱敏。

"251 事件""胡玲事件"，明显体现了亚文化层面的"工程师文化"与"HR 文化"之间的巨大冲突，并在很大程度上影响了更高层级的华为"以奋斗者为本"的企业文化。而领导者的任务，就是找到协调、整合亚文化的方式，并决定哪些文化元素要变革、哪些要保留下来。

从这个视角看任正非，就能理解其为什么要设立总干部部，将其与人力资源管理部门并列，并强调人力资源管理要从前台走向后台，从管理走向服务了。

4. 组织需要英雄，但不要"英雄主义"，"遍地英雄下夕烟"的背后，是强大的组织能力。

华为是一个有"英雄情结"的企业，在每个需要变革的重要关头，都会有英雄人物挺身而出。

在转型自主研发时，有郑宝用、李一男；在"农村包围城市"铺渠道时，有"烧不死的鸟才是凤凰"的毛江生；在从团伙转为组织时，有主导了"市场部大辞职"的孙亚芳；在华为转型 To C 业务时，有"眼界决定境界，定位决定地位"的余承东……

最初出征海外的华为铁军，新近组建的"五大军团"，以及敢于向潜规则发声的胡玲等人，都带有普通公司少有的理想主义和英雄气，还有"将军是上甘岭上打出来的""泥坑里爬出来的是圣人""之字形成长路线""胜则举杯相庆，败则拼死相救"等讲话。

任正非崇尚个人英雄，鼓励集体英雄，也包容犯过错误的英雄，多次强调"不完美的英雄也是英雄"。但他坚持要求华为必须建立在制度之上，要摆脱对个人的依赖。华为员工入职第一课，就是"华为文化与价值观"。此后公司内部还有各种各样的研讨班、不同话题的讲座，华为各级管理者也承担着文化传播的责任，甚至被纳入年终考核的指标系数。

让英雄融入组织，让组织涌现英雄，能持续做到这一点有很多因素，但最重要的就是"决不让雷锋吃亏"。在《组织的概念》一书中，英国管理学家查尔斯·汉迪指出，组织与员工之间的心理契约一般分为三种：强制、计算和合作，而华为最典型的特色，就是能让绝大多数员工认为自己不仅是在为华为，也是在为自己、家人和中国奋斗。

以强制为主要内涵的心理契约关系，是一种被动敷衍的"伪执行力"；以计算为主要内涵的心理契约关系，以个人利益考量为核心目的，执行力越强越可能增加组织目标偏离正确战略方向的风险；以合作为基本内涵的心理契约关系，则能让员工跳出自我中心，在追求团队愿景和组织目标的过程中自愿付出心血和智慧，不断实现人企双赢、和谐共进。

正如大哲学家罗素所言:"人们天生都有为比自身更伟大的目标献身的激情和内在愿望。"

任正非对人性的理解,对伟大目标的追求与设定,以及用制度保障文化底色、用沟通引导文化传播、用英雄塑造文化精神、用事件推动文化变革的具体操作技巧,是值得我们深思和学习的——企业文化的塑造,是个系统工程。

5. 不要为了文化变革而变革,要把重心放在应对业务挑战上。

任正非是一位危机意识很强的领导者,经常喊"狼来了"。但在推动文化变革上,他却极有耐心,常常进两步、退一步,避免大起大落。

华为处于创业期时,他的关注重点是业务,企业文化中最重要的部分是人尽其才、鼓励创新、发展与工作相关的技能。只有业务发生问题,比如到"华为的冬天"时,任正非才选择从文化入手来解决业务问题,变"工程师文化"为"工程商人文化"。

对企业来说,生存焦虑必须比学习焦虑更强烈。必须用试图要解决的具体问题来定义变革目标,而不是笼统称其为文化改革。因为仅仅宣布文化变革毫无意义,领导者还需要阐述新行为是什么,隐藏在直接行为下的文化要素、基本假设是什么。

利用文化的支持作用,比克服文化的阻碍作用和改变文化要更容易。只有当新行为能带来成功和满足感时,员工才会学习新的文化要素。

任正非公开呼唤"寻找加西亚"、指示"保护当事人"、放任相关话题在心声社区被讨论,就是在利用华为的沟通文化、"以奋斗者为本"的价值观,推动组织和文化变革,进而打压不良因素的亚文化,激活组织，"炸掉金字塔"。

我们该如何行动？

通过上述案例和分析，我们可以看出，构建企业文化的关键并不是流于表面的行动、士气、形象，而是创始人的价值观和基本假设。在企业文化形成时，创始人的言行一致具有特殊的重要意义，领导知识分子群体尤其如此。

老板需要理解建设企业文化是件长期的事情，而且会随着时代、科技和市场的变化不断调整，因此了解自己想要的文化的基本假设，以及察觉不同层级、不同部门的亚文化非常重要。

在进行文化变革时，不能就文化而文化，必须专注于业务问题的解决，否则文化就是一个无底洞。此时既要弄明白自己公司所处的发展阶段，更要调查清楚支撑企业文化底层逻辑的基本假设有无变化，公司不同部门、不同层级的亚文化中，有哪些值得发扬、有哪些必须摒弃的因素，进而通过一次次事件，通过沟通和树立英雄典型来解决问题。

此时，破译组织文化需要外部顾问与内部专家通力合作，因为组织中的人"身在此山中"，而外部顾问容易陷入"手拿锤子，看什么都是钉子"的陷阱。

任正非对华为的文化改造就是一个优秀案例，通过与外部顾问合作，制定《华为基本法》、推出 EMT 轮值制度后，困扰任正非数年的"山头主义"在不知不觉中被削平。这其实就是埃德加·沙因著名的"海滩隐喻"，它形象地说明了文化、变革和领导力之间的关系。

如图 6-1 所示，领导力是海浪，文化是海滩，海浪的形成与回落是个不断循环的过程。重复形成浪尖代表持续形成领导力，退浪代表持续变革。领导力和变革对文化（海滩或海岸的轮廓）的影响无法立竿见影，需要经过多次迭代才能看得出来。

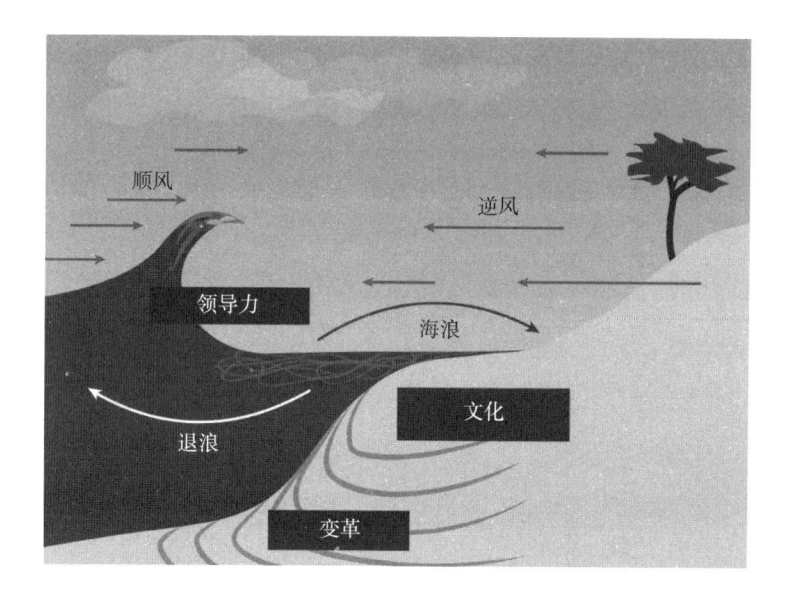

图 6-1　海滩隐喻

资料来源：《沙因文化变革领导力》，埃德加·沙因著，天津科学技术出版社，2021 年。

另一个需要特别指出的地方，就是华为对"以奋斗者为本"的折中与坚决。这也是华为文化独特的基本假设之一，它既不是大多数企业标榜的"以人为本"，也不是完全结果导向的"以绩效为本"，而是选择了一个更容易落地、更容易与时俱进的中间立场。

企业文化的"说一套、做一套"，根本原因就是与现实脱节，调子起高了下不来，偏偏新成员对领导者行为的关注要远胜过他们的语言，特别是领导者的关注、评价标准和奖惩措施。久而久之，企业文化就会变成一纸空文。

知行合一，对企业文化形成和传承的重要性无须赘言，但对基本假设的反复推敲、完善总结才是关键，华为"四句话"是任正非十多年创业经验的高度凝练，而您的公司呢?

小结：家国天下，知行合一

我们用了两章的篇幅，分析了任正非领导哲学模型最右端的"练"字。

"万物生于有，有生于无"，对企业来说，这个"无"就是无形的企业文化。它是企业的灵魂，是推动企业发展的不竭动力，也是企业凝聚人心、服务客户、成就员工的有效工具，需要长期建设，并通过一系列事件、培训、总结反复地"练"。

在西方管理学中，企业文化被视为公司内部根据一些基本假设所形成的群体认同的物质形态、行为标准、制度规范和精神理念。它是一个公司的生存方式，也是公司思考和决策的基本逻辑。

但在中文里，"文化"是以"人文""化成天下"之意，是人类对自然和世界的"人化"。各种器用、制度、语言、行为和观念等非自然的产物，都是为了向人所面对的整个世界施加影响，使其在一定的层次和意义上符合人的目的和需要。

如果说西方的文化传统是"荣耀上帝",那么中国的文化传统就是"家国天下"。华为的企业文化,中西结合、兼容并包,且相当重视不同文化之间、不同层级和部门之间的交流与沟通。"以客户为中心,以奋斗者为本,长期艰苦奋斗,坚持自我批判"的核心价值观,也让华为在文化层面有相当大的韧性、弹性和刚性。

任正非对文化底层基本假设的重视、对亚文化的洞察和警惕,以及对文化变革的举重若轻,都展现了令人惊叹的领导力。但最让人感慨和敬重的,是任正非的家国情怀,以及将其巩固在华为文化中的种种举措。

华为自出生之日,就抱持着为国家强盛、振兴民族工业贡献一己之力的愿望,主动将自己的发展和命运与国家的建设需求紧密相连。

1994年底,在华为务虚会议上,讨论的问题是:"面对激烈竞争的市场环境,面对国外垄断集团的强大压力,我们华为人能做些什么?如何利用优势,为伟大祖国、为中华民族的振兴,为自己和家人的将来做些什么,而再创华为的辉煌?"

起草《华为基本法》时,任正非清楚地认识到,"一个企业不可能凭空构想它的核心价值观体系……华为公司的核心价值观赖以建立的基础是我们的民族精神,是我们社会价值观体系中最富有生命力的部分"。

2000年底,在欢送海外将士出征大会上,任正非发表"雄赳赳、气昂昂,跨过太平洋"的讲话,指出:"随着中国即将加入WTO,中国经济融入全球化的进程将加快,我们不仅允许外国投资者进入中国,中国企业也要走向世界,肩负起民族振兴的希望。"

2021年10月末，华为组建"五大军团"，重点突破企业业务。任正非现场发表讲话："我认为，和平是打出来的。我们要用艰苦奋斗，英勇牺牲，打出一个未来30年的和平环境，让任何人都不敢再欺负我们。我们在为自己，也在为国家。为国舍命，日月同光；凤凰涅槃，人天共仰。历史会记住你们的，等我们同饮庆功酒那一天，于无声处听惊雷。"

讲这些，倒不是想讲情怀，而是想说明一个日渐明显的趋势：未来社会中，职业文化、民族文化将比企业文化更重要。因为企业也是生活在社会中，人们在工作之中还体验到了许多其他的强大文化力量，而此类文化力量并非仅来自组织内部。

全球化与逆全球化的争斗、万物互联和社交网络的影响、人们工作和生活方式的变化，都让人们的观念只受本国文化和企业文化影响的时代一去不复返，上文中提到的华为极高的博士离职率就很能说明这一问题。

此外，人们的观念还将受到职业亚文化和其他民族文化的影响。比如欧洲的"工作与生活平衡"、美国的"活出自我"、日本的"年功序列"、国内"告别疲倦生活"的躺平风潮，都对华为的"艰苦奋斗"提出了新的要求、新的挑战。

知行合一，因此成为企业文化落地与精练的关键。VUCA时代，组织中的变革将会出现在任何地方，既无法预料也不会停止，只能以知促行，以行求知。

5

制度篇

HUAWEI

第七章　狼性 VS 人性："以奋斗者为本"就是知识资本

从 2018 年起，任正非多次在华为内部谈及"末位淘汰制"，并做了一系列诠释和补充。

"'末位淘汰制'是我发明的，我年轻时看到西点军校考核制度很好，就在我们公司全面实行，早期发挥了作用，但后来这个机制越走越僵化。"任正非认为，不能为了僵化地挤掉一个人，搞得每天都人人自危。

某种程度上，这揭示了制度和文化之间的关系。著名政治学家亨廷顿在《文化的重要作用》中指出："文化是制度之母，制度是文化的载体。"历史学家秦晖则认为，"选择什么"是文化，"能否选择"是制度。

企业也是如此。文化是企业的软件，是"道"；制度是企业的硬件,是"术"。学制度而文化不通,是瞎学;学文化而制度不通,是白学。唯有道术合一,才能知行合一,真正做到两者相互作用、共同演化。

"末位淘汰制"的开创者是 GE 传奇 CEO 杰克·韦尔奇,其因"数一数二"战略和毫不留情的裁员举措,获得了"中子弹杰克"的绰号。但任正非没学过韦尔奇,他认为自己是独立发明并将"末位淘汰制"推广开来的,华为也因此被视为"狼性文化"的代言人。

这也是社会上长期诟病华为的主要原因,狼性 VS 人性一度成为中国管理学界争论的热门话题。任正非曾说,他永远都不知道谁是优秀员工,就像他不知道在茫茫荒原上到底谁是领头狼一样,但"企业就是要发展一批狼"。

任正非认为,狼有三大特性:一是敏锐的嗅觉,二是不屈不挠、奋不顾身的进攻精神,三是群体奋斗。企业要扩张必须有这三要素:做市场要有方向感,就是嗅觉;遇到困难不打退堂鼓,就是不屈不挠;大家一起干,就是团队合作。

他强调华为没有提过"狼文化",只是针对办事处的组织建设提出过"狼狈组织计划",是社会曲解了华为。因为"铁军是打出来的,兵是爱出来的,古往今来能打仗的部队,无一例外都是长官爱惜士兵","狼是组织的进攻性,狈是管理性,单提'狼文化'会曲解合作精神"。

事实上,"狼文化"也好,"狼狈组织计划"也罢,都是推动华为摆脱"海盗文化""江湖气息",走向制度化的重要因素。创立前 10 年的华为,带有浓厚的中国特色,比如"打虎亲兄弟,上阵父子兵"的人情关系,血缘和准血缘之上的老乡、同学、战友、朋友、兄弟姐妹等的"熟人模式"。而华为正规化的一个根本前提，就是将组织构建于契约的轨道上。

在中国传统文化中，狼是个绝对负面的形象，但在西方哲学史上，狼却是现代政治哲学的经典意象，最典型的就是英国哲学家、政治家托马斯·霍布斯的名言："人对人是狼。"

"人对人是狼"是霍布斯哲学理论的基础，他用这句话来描述社会形成前的人类自然状态。这种"自然"切割掉的是社会性，所以自然状态里没有法律，没有公权力，也没有善与恶的区别，因为正义、善是由法律和道德所定义的。

自然状态，意味着所有人对所有人的战争，自然状态下的人时刻面临"横死"的危险。

此时，人的一切行为都是合法的，人拥有彻底的自由。只要有足够的实力，人可以奴役他人，可以争抢他人的财产，可以夺取他人的生命。在这样现实且不确定性的状态下，人的内心充斥着恐惧、猜疑和生存欲望，这刺激着人以最大的恶意去理解当前的环境，最终意味着全面战争。

霍布斯将自我保全视为个人最基本的自然权利。从自我保全出发，人们发现了自然状态的核心内在矛盾：公权力的缺失。为了保护自己，个人把自然权利转让出来组成政府和国家，权利的相互转让就是人们所说的契约。

狼的意向还体现在德国作家、诺贝尔文学奖得主赫尔曼·黑塞的代表作《荒原狼》中。黑塞写道："荒原狼有两种天性——人性和狼性，这便是他的命运。可能这种命运并没什么奇怪的，甚至很常见……在他的体内，人性和狼性根本做不到和谐共处、互不侵犯，反而是势不两立、不共戴天。一个人的躯体里有两个相互作对的灵魂，这种人生是异常痛苦的。"

这种狼性与人性的对峙，也广泛存在于企业中。

契约、奖惩，是制度的两大根基。契约更是企业全部制度的元基础、根制度。契约的本质是可定性、可量化、可裁决的平等交换。它是冰冷的、刚性的，但也是你情我愿的，不存在一方对另一方的情义绑架、道德绑架。

这才是华为讲"狼性"、强调"狼狈组织"，与社会上流行的"狼文化"之间的区别。因此，探讨、学习华为，要从契约、制度、人性和时代变化的高度来看待，而不是关注那些从表象和社会达尔文主义层面鼓吹的"狼文化""狼图腾"。

领导者的困惑

几乎所有老板都在公司中强调过"狼性"或"狼文化"。百度创始人李彦宏曾公开发文号召"鼓励狼性、淘汰小资"；巨人创始人史玉柱也曾提出"狼兔论"，要求赶走对公司实质危害更大的"老白兔"，在公司内严厉执行"末位淘汰制，直到团队闻到狼味为止"。

不管大小、无论公私，高喊学习"狼性""狼文化"的各类企业中，能够成功的没有几个。究其原因，不外乎三点：要么脱离制度讲文化；要么抛开文化讲制度；要么抽空了文化、制度的实质精神，将其异化成非驴非马、不中不西的空中楼阁。

爱吃中餐和爱吃西餐是文化之别，但饮食自由和饮食管制是制度之别。脱离制度讲文化，就是一面主张餐饮多元，一面实行饮食管制。很多企业今天学老子，明天讲阳明心学，后天又谈"新教精神"，但学来学去也没法在企业实践中落地，总不能用《道德经》来选拔人才、发放奖金，用《传习录》来做市场营销、产品开发吧？

拥戴圣贤和拥戴能人是文化之别，但谁有权选择拥戴者则是制度之别。抛开文化讲制度，就是一面主张"天下为公"，一面推行皇族内阁。学阿米巴的企业如过江之鲫，但明白稻盛和夫"敬天爱人"内涵的没有几个；学习华为业务流程、激励制度的企业多如牛毛，但领悟任正非"以客户为中心，以奋斗者为本"精髓的少之又少。

事实上，员工最反感的，就是老板满口仁义道德，却在关系企业和员工的基本利益诉求方面顾左右而言他，甚至口是心非、推脱抵赖。有部分企业即便做到文化和制度的双管齐下，但也常常忽略制度的契约本质，将其变成满足老板皇帝作风、对高管和员工进行PUA的工具。此外，制度与实际情况脱节、与时代发展脱节的情况也屡见不鲜。

比如，华为的"狼性"强调的是市场竞争中的进攻性，是与公司平台的组织性息息相关的，且员工本身都是高学历、肯沟通、"决策前拍案争吵，决策后全力执行"的知识工作者，但很多企业的"狼性""狼文化"，变成了只知道执行力甚至只强调加班。

再比如，华为保障"狼性"的一系列制度，如股权期权制度、沟通交流和自我批判制度、人才选拔制度、绩效考核制度等，都是随着时代变化而不断扬弃改进的。反观很多企业所学的"狼性"，更多是封杀不同意见，仿佛倒退回封建时代。

因此，学华为的"狼性"，恰恰要更深刻地理解人性。正如霍布斯讲"人对人是狼"，恰恰要用本质是契约的制度终结自然状态；黑塞自比"荒原狼",则是既要用"人性"来控制暴力、物质和民族沙文主义的"狼性",又要用"狼性"来对抗庸俗、虚伪、追求物欲的小市民"人性"。

这正是中国传统哲学所强调的"兼容并包",而老子、孔子、庄子都是黑塞崇拜的东方哲人。1921年,黑塞在给法国著名作家罗曼·罗兰的信中写道:"老子多年来带给我极大的智慧和安慰,'道'这个字对我意味着全部的生活真谛。"而在与奥地利著名作家茨威格的通信中,他评价说:"老子目前在德国十分流行,但所有的人都认为他的理论十分矛盾,然而老子的哲学思想实际上并不矛盾,而是辩证地看待世界,认为生活是两极的。"

任正非的案例

任正非对"狼性"的强调,源于对市场竞争失败和华为丧失奋斗精神的恐惧。任正非和华为高层时刻警惕华为异化成为一家大而不强、富而不强的"肥公司",并为此在文化上反复强调、制度上不断完善。

股权制度、奋斗者、"末位淘汰制"的变迁,就是最典型的案例。

1. 契约、奖惩是制度的根基。

华为历来以"高薪"知名,过去几十年中,华为的人力资本投入长期高于股东分红2倍左右,研发投入长期高于利润1倍左右,且为国内少见的100%由员工持股的民营企业。

1990年,华为第一次提出"员工持股",股票价格为每股1元,以税后利润的15%作为股权分红。当时，华为的初衷是融资渡过难关、稳住创业团队，并不了解股权激励的作用，最后能演变为员工激励手段，是"无心插柳柳成荫"。

1998年，华为把实体股转为虚拟股，股票价格随每股净资产波动，并扩大股权激励规模，实行配股制度，帮助员工申请银行贷款购股，在法规层面进一步完善。

这种"力出一孔、利出一孔"的利益共同体制度，才是华为员工有韧性、进攻性和组织性的关键，也是"狼性"的底层逻辑。它在华为内部建立了"责任赋予—责任承担—利益分享"的互换机制，是华为从江湖义气转向契约精神的制度基础。

在契约的基础上，华为构建了基于人性的、科学化的奖惩制度体系。目标导向—责任导向—结果导向"三位一体"，构成了华为的奖惩机制。左手实现了目标，右手就能接过奖金，同时精神和名誉鼓励也给得很足。

虽说"板凳要坐十年冷"，但这更多是强调研发所需要的精神，而不是什么物质上的"延迟满足"。华为在奖惩两个方面都讲求及时、到位，也强调干部"能上能下"。很多华为人有过这样的经历：被批评、降职、罚款后，"要不是有股票，早就离开了"。

2. 奋斗者与虚拟饱和受限股。

2007年底，华为开展规模浩大的工号大切换活动，以规避新《劳动法》中"企业不能解聘在企业工作超过10年或者已签订过两次劳动合同的员工"的规定。

与此同时，华为开始在内部强化"奋斗者"的概念，并提出一系列配套制度，其中最引人注目的就是2008年提出的"虚拟饱和受限股"。这不是通常意义上的股票，持有者没有决策权、转让权，只享有分红收益和股本的增值收益，但股本增值被严格控制。

在此之前，华为实施的是普遍持股制度，对员工级别没有要求，即便是前台、秘书、司机、厨师都有资格拥有公司的内部股，而且不限工作年限。1990年到2000年，华为处于资金紧缺时期，内部股的增发比例非常高，以工会的名义统一登记。

虚拟，意味着法律上明确了员工并非股东，只能享受依据公司规定、协议约定的部分股东权益，如分红权、增值权。虚拟，指的是"约定"而非"法定"。饱和受限，指的是员工配股有上限和规则限制，一旦达到饱和配股上限，股权将不再增加。

虚拟饱和受限股，本质上是一种基于"利润分享、利益绑定"的机制，能持续下去完全是靠华为的业绩和员工的信任。因为它不保本，要求员工风险自负。2010年以后，它又跟华为的"奋斗者"紧密绑定，完成了"以奋斗者为本"的文化和制度的水乳交融。

什么是"以奋斗者为本"？就是工资、奖金、股权、机会都向奋斗者倾斜，以员工的贡献为衡量标准，多劳多得、少劳少得，不让"雷锋"吃亏。2010年以后，华为提出员工在自愿的情况下，可填写奋斗者申请，并提交反馈。

申请成为奋斗者，就必须"放弃勤奋奖励"，"进行非指令性加班"，还需放弃加班费、带薪年休假、陪产假等。实际上，任何想在华为这个平台上发展的人，都必须认同华为的文化和价值观，成为一名奋斗者。

虚拟饱和受限股，就是为坚持奋斗精神而设计的，其初衷是避免部分老员工躺在过去的功劳簿上不奋斗，从而引起内部矛盾。华为对各岗位每一级的配股数量设定了上限，当员工配股达到这一级的上限值就饱和，不再为该员工配发新股；员工要想获得更多的股票，就要努力做出更高的绩效，往上一级走。

华为因此获得一轮高速成长，但很快又出现了懈怠问题。2016年，任正非在接受新华社专访时说："华为三年前快垮了。"因为老员工持股太多，不愿奋斗；年轻骨干持股太少，不想奋斗；同时，由于虚拟受限股授予条件越来越严格、数量也越来越少，新员工只能"望股兴叹"，且华为的薪酬与BAT等互联网新贵相比并无竞争力，员工没有干劲。

任正非坦言，华为当时往海外派人都派不出去，因为大家有钱了，都想在北上广深买房陪小孩。同时，因为国家政策的限制，外籍员工不能在华为持股，无法与华为形成利益共同体，华为也留不住优秀人才。

为此，华为在2012年重磅推出了TUP（基于时间单位的计划），对非中国籍员工进行长期激励。两年后，又将其扩展为在全球范围内对全体员工实行TUP。这是一个以5年为周期的利润分享计划，员工无须出资购买，在5年内可享有与虚拟受限股同等的分红权和增值权。5年到期结算后，TUP权益归零。

这本质上是一种奖金制度，但任正非和华为都将其视为员工持股的一种方式，因为它具有股权的经济属性，被激励者享有股权的同等收益。获得TUP的职级要求是13级及以上，而成为华为奋斗者的基本门槛是13级，这就让激励对象天然倾向于新员工和初级奋斗者。

这一制度的推出，弥补了华为在中长期制度方面的不足，让方方面面都颇为满意。

第一，它激活了老员工的奋斗精神。

虚拟饱和受限股是长期激励，员工在职期间（包括内部退休）都可以享受。但 TUP 的性质是奖金，发得越多公司净利润就越少，虚拟受限股每股收益就越低，这就稀释了老员工的股权收益，促使他们奋斗。

因为 TUP 面向全体员工，5 年为一期，不努力获得高绩效，下一期就无法获得。

第二，它解决了新员工的激励问题。

华为员工默认入职两年左右才具备 TUP 授予资格，而且 TUP 的授予综合考虑了绩效、级别和工龄。一般来说，级别越高年度 KPI 考核要求越低。比如 13 级员工获授 TUP 的绩效要求是 A，15 级员工则是 B+。

最初，TUP 是 3 年分期生效，每年兑现 1/3，其本意是让员工感受到随着工作技能提升，获得的收益不断提高。但在实际运行中，员工在工作前 3 年的收益非常少，且有 8 年为周期的制度性切换工号政策，很难留住新人。

因此，2015 年起，华为将 TUP 改为一次性生效。这样，TUP 的分红规则与虚拟受限股完全一致，而且不用员工出钱购买。既让对公司信任度不够的新员工安心（因为不掏钱），又起到了激励新人的作用。

第三，它打消了公司在激励时担忧的负面因素。

TUP 不是实股，员工不必出钱，从而避免了股权激励设计中的两难局面——有些员工对企业的未来没有信心，不愿意花钱买股权，也担心大股东伤害小股东利益，如转移资产、收了钱不分红、将其作为集资工具等。

它有分红权激励的优点，还能通过给新股东授予TUP来稀释老股东权益，从而避免了老股东躺平摸鱼、坐吃山空；与虚拟饱和受限股制度配合起来，又可以多种方式对不同激励对象进行分层、分类的激励。比如华为15级以上的中国籍员工，既可以获得虚拟受限股，又可以获得TUP。

2019年，华为遭遇美国打压危机，员工们本以为当年股权收益会很糟。但2020年4月，华为对2019年收益实行了全额分红，每股分红高达2.21元，是2012年以来的最高，向全社会传达了华为的信心。同时，为了激励和留住员工，华为推出了ESOP1制度。

ESOP是员工持股计划的简称，与虚拟饱和受限股相比，它对授予对象的工龄要求更高，保留条件也更加宽松，但对绩效的要求反而更低，3年以上工龄、业绩优秀的员工才能被授予。ESOP1则是5年以上工龄，只要业绩不是排在末尾的员工都可以配股，而且无须等到45岁退休，只需要工龄满8年，所获得的ESOP1即可终身保留。

这明显更侧重留住员工，彰显了华为希望上下同心、齐心协力共渡难关的意图。ESOP1允许长期获取分红，也是为了弥补困难时期分红不可避免下降的员工。而且，购买ESOP1和发放虚拟饱和受限股分红都在4月，先发放分红，再让员工购买ESOP1。

这才是制裁之后，华为不但没有崩溃，反而众志成城，很多已退休、已离职、收到新Offer的员工愿意与华为共进退，甚至愿意来华为上班的核心原因。老员工们都愿意购买ESOP1，与华为结成命运共同体，只要扛过危机，ESOP1就会让他们终身受益。

3."末位淘汰制"的变化。

"末位淘汰制"是社会各界公认华为"狼性""狼文化"的典型特征。

但华为推出"末位淘汰制",是跟高薪、奋斗者和股权授予联系在一起的,更何况任正非近年来已深刻感受到这一制度的负面影响,并着手调整。

2018年3月,华为颁布了《华为公司人力资源管理纲要2.0》(以下简称《纲要2.0》),提出华为公司未来的经营模式是在共同价值守护、共同平台支撑下的各业务/区域差异化运作,是从"一棵大树"到"一片森林"的转变,既要统一思想,也要耐心改良。

任正非再次强调"不让雷锋吃亏",认为华为必须贯彻物质文明建设与精神文明建设双轮驱动,必须给予"雷锋"匹配的物质回报,并要求以责任结果为导向去简化KPI考核。

《华为人力资源管理纲要1.0》(以下简称《纲要1.0》)于2010年3月启动起草工作,2014年11月正式发布,其目的是总结、识别、归纳指导华为成功的人力资源体系。《纲要2.0》则在此基础上面向未来,强调对成功经验的坚守和扬弃,其中最核心的一点是:华为提出了基于信任的人力资源管理理念,强调在规则制度的基础上信任员工,去除管控的枷锁,减少不必要的管理层级和汇报动作。

《纲要1.0》是不信任管理体系,《纲要2.0》则是面向未来的信任管理体系。它希望激发员工持续奋斗的内在动力,也更加关注长期激励和短期激励的平衡关系,平衡新老员工的利益矛盾,特别是劳动收益与资本收益的矛盾,这也是华为以股权为代表的一系列制度调整的根本原因——"80后""90后"成为职场主力,"00后"也即将走上职场。

为此,任正非也调整了日显僵化的"末位淘汰制",将其分为以下三类:

一是职员体系,走绝对考核的道路,每3年考核一次对本职岗位的理解,不要求相对考核、末位淘汰。相对考核是为了挤压"火车头"的管理方式,非"火车头"为什么必须打C?职员适合这个岗位就安心干,五六十岁还是15级、16级也可以,不能为了淘汰而淘汰。

二是专家体系,要循环成长、不断考核和考试,考不过、贡献达不到,职级就要降下去。但专家的循环不能叫作末位淘汰,他们是直接作战队伍,考核只有一个达标线,但没有僵化的淘汰额度。

三是行政管理体系,只要是行政管理干部,不论主官、主管,每年都要有10%的强制末位淘汰,进战略预备队重新找岗位。即使所有干部都干得好,但相对排序靠后,也要下岗进入预备队,淘汰以后想重新找到岗位基本很难,所以在岗时要高度努力。

任正非的启示

组织有"狼性",前提是了解组织成员的"人性",而不是反过来。

绝大多数强调"狼性""狼文化"的公司,事实上已经抽空了组织的社会性,用流于表面的"狼性"压倒了"人性",也损害了企业的竞争力和内部信任,将其变成"政治正确""遮羞布"和PUA员工的工具。

任正非呼唤"狼性",首先做到了深谙人性,是真诚领导的体现。

任正非将约99%的股权分给了员工,这在全世界的企业中属于首例,这才是任正非能凝聚20万知识分子的关键。

理论上说,如果任正非将自己的股权比重提升到10%~15%,就有了对华为法理层面的实际控制权,不必花心思搞平衡。但任正非说,"我当初这么做就没想到走回头路,我们要的是理想,是胜利,不是利益","你怎么知道我不会去搞房地产,不应该搞通信,这么傻,又苦又累又不赚钱"。

2019年,任正非在接受《华尔街日报》记者采访时坦言,当年如果不分股份给大家,华为可能就是一个小公司,干一干就散了,或者重新又去干一个行业。

这种"不自私"才是任正非获得员工追随的关键,更何况他还构建了一系列制度来保障这一点。华为配股有四大原则:普遍持股、给"火车头"加满油、给高层多配股、不让"雷锋"吃亏。算的是大账而不是小账。

比如,2004年摩托罗拉拒绝收购华为。为了凝聚人心,保障海思芯片的大量投入,华为出台了退休保留虚拟股票的政策,与员工构成长期的利益共同体。

比如,2014年华为内部反腐,收缴反腐资金3.74亿元,任正非选择把它平分给全体员工,每人分得2500元。

比如,华为采取饱和配股制度,抑制知识贡献与资本收益的背离趋势,饱和配股线每年都会调整。员工的配股饱和率,既与工龄相关,也与考核相关,只有年度考核为A的员工有机会达到饱和率

100%。如果员工没晋升，他的股份达到一定数量后就不再增加。如果配股已经饱和的员工被降级，那么他的饱和配股线也随之下降。

比如，华为陆续推出 TUP、ESOP1、奋斗者协议等，努力平衡新老员工、国内国外员工、不同绩效员工的利益，以及解决制裁引起的公司分红降低等问题，也体谅新员工对公司不够信任、不愿出钱或囊中羞涩的情况，构建起多层次的奖励制度，并不强迫员工跟着公司"赌未来"，而是尽可能地强化激励、拉平差距，不鼓励侥幸和"搭便车"。

比如，华为虚拟股票的定价原则是低估股权的价格，让员工以尽量低的成本成为公司股东。每股定价 1 元时，华为总市值长期低于净资产。后来虚拟受限股则是以净资产定价，这种方式严重低估股价，往往是破产并购时才用。这从机制上鼓励了员工入股，惩罚了员工退股（很亏），进而推动华为上下同欲，形成利益共同体。

再比如，华为曾有员工在心声社区上抱怨，股价太高买不起。于是，华为一方面想办法让银行给员工低息贷款，另一方面控制股价上涨。采用的方法：一是将多余的现金全部分掉，二是部分分红、部分送股，双管齐下来保持净资产稳定。

这种真诚才是让 20 万知识分子拧成一股绳，既有饥饿感又有使命感的关键。华为也因此获得了"狼性"、奋斗和信任追随，屡屡在关键时刻得到助力。

比如，华为每年都在增发虚拟受限股，大部分年份的增发比例为 10%，有时增发到 15%~20%，2018 年和 2019 年更是分别达到了 35% 和 32%。除了需要激励的员工数量，公司所需要的现金储备也是增发股份的核心原因。

这为华为提供了大量的发展资金，帮华为渡过了很多难关，是一种低成本融资的方式。华为虽然每年大量分红，但因为回报丰厚，员工都愿意按最新股价出钱购买新增发的股份，常常出现分红越多企业现金越多的情况，因为新增资金额超过了分红金额。

众所周知，股份增发的前提是企业利润或者企业价值在增长，否则会不断稀释股权的收益或者降低股权价值。华为虽然大量增发虚拟股票，但增发速度基本与公司发展速度同步，虽然持续高分红，但回收的大量现金保证了华为的战略性投入，还绑定和激励员工共渡难关，这才是真正的"想象共同体"。

如果是一般企业，这么玩一定会被员工视为"庞氏骗局"，最终造成"走掉的都是公司想留下的，留下的都是公司想送走的"局面。任正非是在长期实践中，让员工认可了其诚信，员工才会在基于信任的前提下真金白银投入、真刀真枪实干。

比如，华为将内部股转为虚拟受限股时，约定是1元购买、1元回购，但虚拟受限股是按照净资产2.64元回购，最后任正非是按1∶1兑换的，等于持股员工转为虚拟受限股后，多了1.64元的增值权。此时，任正非考虑的是合理性，是保障员工利益。

没有长期打造的信任、沟通作为基础，一厢情愿地去讲"狼性""狼文化"，希望员工能在企业困难时像华为一样，愿意降薪、愿意接受"一半工资一半白条"，跟南辕北辙、刻舟求剑没有区别。

我们该如何行动？

很少有老板能有任正非这样的魄力、战略和组织能力，也没有几家公司能具备华为这样的战略执行力和文化、制度构建水平。

但即便是华为，都会出现博士离职率超过40%的离谱数据；即便是"2012实验室"这种华为心头肉，都会出现"不要相信人资，他们没有诚信"的"胡玲事件"；即便是破格提拔的优秀员工，也会主动选择离开，以至于出现任正非指名道姓公开喊话"是公司错了，你回来吧"的呼唤"加西亚"现象；即便是华为过去已经成功证明了自己的"不信任管理"体系，也要在新的历史形势下主动升级为"基于信任"的2.0管理体系。

所以，老板们与其东施效颦地去学什么"狼性"，不如老老实实研究人性，正如美国管理学家麦格雷戈所言："每项管理的决策与措施，都是依据有关人性与其行为的假设。"

埃德加·沙因，不仅是"企业文化之父"，也是著名的心理学家、行为科学家。在《组织心理学》一书中，他归纳了四种人性假设："经济人""社会人""自我实现人""复杂人"。

"经济人"的主要工作动机，是获得最大的经济收益；"社会人"则是为了良好的工作氛围、人际关系和社会需要；"自我实现人"的层次较高，工作的目的是自我实现，哪怕仅仅是提升技能；"复杂人"的动机则更为多样化，会对统一的管理方式产生不同的反应。

因此，不同的员工群体，需要有不同的管理文化，进而对应不同的管理制度，组织、绩效和薪酬方式都会有很大区别，简单如上班要不要打卡，复杂如股权如何设计等。

但华为还是有所不同，虽然任正非散去99%的股权这一行为难以效仿，但其"股动人心"的设计思路，特别是以知识、劳动为本位，而不是以资本为本位的体制，才是华为能够团结20万知识分子，以军人的执行力和知识分子的严谨，不断开疆拓土、高速成长的关键。

《华为基本法》规定了价值创造的四大要素：劳动、知识、企业家和资本。任正非把劳动摆在第一位，强调把劳动、知识资本化。他说："现在民营企业过分地考虑创业者的利益，而忽视了新加入者的利益。我是一个反创业主义者，因为那样会成为孤家寡人。"

这与片面强调员工"忠诚"，将股权期权视为赏赐、赌博而非激励，动辄以"日落西山你不陪，东山再起你是谁"的腔调来 PUA 员工的认知与格局，有天壤之别。

正如霍布斯强调的"人对人是狼"，要用"人性"来制约"狼性"、形成契约，再用"狼性"去开疆拓土、维护和平一样，只有员工充分信任企业，才能降低沟通成本，形成强有力的组织和战略执行力。

本质上，华为是在构建企业的价值理性——"以奋斗者为本"就是知识资本，这才是真正需要我们认真思考和学习的。但仅有价值理性是不够的，企业经营还需要有工具理性。

第八章 学习&创新:"拧麻花"才能螺旋上升

1997年,任正非访问了美国4家知名公司:IBM、惠普、休斯电子和贝尔实验室。

这次美国之行震撼了任正非,让他意识到华为需要学习美国先进企业的管理经验,成为华为发展历史的转折点。随后,华为在西方咨询公司的帮助下,从研发、销售、人力、财务、供应链等多方面开展了力度空前、影响深远的一系列变革。

此前一年,华为在中国人民大学彭剑锋教授等专家的帮助下,开始了《华为基本法》的起草。1998年3月,《华为基本法》正式颁布。它系统性地总结、提炼、升华了华为过去成功的原因,基于内外部环境变化,为华为未来的可持续发展指明了方向。

《华为基本法》的内容和精神,是价值理性的。它包含6个模块:

公司宗旨、基本经营政策、基本组织政策、基本人力资源政策、基本控制政策、接班人与基本法修改。其中最重要的是第一个模块，系统阐述了华为的核心价值观、基本目标、愿景和社会责任等。

比如开宗明义的第一条，就是"华为的追求是在电子信息领域实现顾客的梦想，并依靠点点滴滴、锲而不舍的艰苦追求，使我们成为世界级领先企业"。同时，"为了使华为成为世界一流的设备供应商，我们将永不进入信息服务业。通过无依赖的市场压力传递，使内部机制永远处于激活状态"。

任正非的美国之行，让华为开始系统性地向西方学习工具理性。1998—2018年，华为在管理变革方面的投资金额占销售收入的比例平均超过1.4%。IBM、麦肯锡、埃森哲、罗兰·贝格、德勤、安永、普华永道、毕马威、波士顿、合益、美世等咨询公司，都曾当过华为的老师。

价值理性和工具理性，在华为的发展史上呈现一种钟摆运动。任正非时而强调价值理性，时而强调工具理性，两者相互交融吸收，逐渐趋向原点，最终被华为融会贯通、推陈出新，沉淀为公司的文化和基因。

工具理性强调手段—目的的合理性，以功利目标和技术手段为根本特征，不关心行为本身的意义和价值，漠视人的一切情感和精神力量；价值理性则关注行为本身的合目的性，追求行为本身所具有的意义，要求人的行为必须指向美好的价值，而不在乎成功与否。

华为公司本身是功利主义的，但任正非是一个理想主义者。类似这种对立统一的矛盾，在华为日常管理中随处可见。比如，集权与分权、开放与聚焦、长远战略与短期利益、集体主义与尊重个性等。

任正非将其形容为"拧麻花":一个向左使劲,一个向右使劲,就拧成了一股绳,避免了走极端。如何通过不停地"拧麻花",来激活组织,是研究华为制度和任正非领导力的又一视角。

领导者的困惑

学习华为到底学什么?老板们给出了五花八门的答案,有人看到的是"狼性""狼文化",有人看到的是《华为基本法》,也有人看到的是学IBM、学美军,还有人觉得是毛泽东思想、解放军作风。

关于价值理性的缺失对企业文化制度的影响,前面已经讲了很多,这里不再赘述。但工具理性的匮乏和过犹不及,却是迄今为止仍未引起企业界高度重视的重要议题。

"不上ERP是等死,上ERP是找死"的理性缺失言犹在耳,企业就一头撞上了万物互联、奇点将近的AI时代。一方面是生产过剩、人口红利退去、中小企业急需信息化和数字化升级;另一方面是平台垄断、大数据推送下的消费主义。双重挤兑之下,感觉"钱越来越难挣"的老板们,开始怀疑学习的意义——究竟是满足企业自身发展的需要,还是仅仅为了平息内心的无助和焦虑?

类似的际遇,"拧麻花"的任正非也多次遇到过,其思路值得借鉴和学习。

那就是,实用主义、拿来主义,先让"工具的归工具,价值的归价值",消化吸收后再加以创新,为我所用,像蛭形轮虫一样整合有用的基因,再统一到理想主义的旗帜之下。

任正非的案例

2016年2月，参观完巴塞罗那通信展后，任正非对几位媒体人谈到了自己的管理智慧和思想来源——学习。他说："毛泽东思想有天然合理的成分，但世界哲学是多种多样的。毛主席讲的是一分为二，讲的是斗争哲学。我们讲的是灰色哲学，是妥协，这两个不是一回事。"

任正非认为，华为的老师是IBM，是IBM教会了华为"爬树"，让华为摘到了高科技的果实。1997年他访问IBM时，IBM时任CEO郭士纳刚刚完成了"让大象跳舞"的奇迹，当年销售额超过750亿美元，股价也增长了4倍，回到了历史最高点。这让正想要消灭个人英雄主义、建立现代企业管理体系的任正非振奋不已。

1993年郭士纳走马上任时，IBM亏损高达160亿美元，面临着被拆分的危险。短短5年，郭士纳裁员15万人，支出了超过80亿美元的变革成本，让IBM起死回生。

任正非说："IBM是付出数十亿美元直接代价总结出来的，他们经历的痛苦是人类的宝贵财富。"因此，在任正非工资仅有5000多元，而IBM每小时的顾问费高达680美元的情况下，任正非力排众议，斥巨资启动了向IBM学习的咨询项目。

其中，影响力最大的就是集成产品开发项目，也就是大名鼎鼎的IPD。它启动于1999年3月，是华为历史上投入人财物资源最多、规模最大、业务渗透最深的咨询项目。IBM的报价是4800万美元，折合人民币约5.6亿元，相当于华为1998年的全年利润。

关于IPD变革的故事、分析和影响，相关的资料很多。本书关注的是任正非在决策过程中所体现出的高度工具理性，这才是其领导哲学的真正体现。

1. 1998年3月，IPD变革启动之前一年，华为刚刚颁布了《华为基本法》。

该法案历时两年，前前后后讨论过8个版本，把"我是谁、我从哪里来、要到哪里去"传达得清清楚楚，为即将到来的管理变革做好了舆论准备、打下了群众基础。

当时，华为的产品研发与市场脱节严重，还属于依靠英雄、能人和服务的阶段，以至于任正非要开"呆死料大会"来纠偏。

摆在桌面上的问题需要解决，已成为华为上下共识。

2. 1998年8月，IPD变革启动之前半年，华为与IBM先启动了IT策略与规划项目。

这一前导性的咨询项目，总体金额不到600万元，项目周期延长后也只有半年，却对华为下一个十年具有里程碑的意义，它规划了华为后续即将开展的多个业务变革项目，包括IPD、ISC（集成供应链）、财务统一、海外财务合作、系统集成中心等。

3. 任正非力排众议，支持IPD变革。

任正非讲过一个故事：中银董事长肖钢带团队来华为交流，在谈到IPD时，华为高管坦言："老板懂什么管理？我们的变革IPD，他就知道那三个英文字母。"中银团队都惊了，但任正非承认说的是实话，因为那不是自己关心的事情。

这个只懂 IPD 字母的老板，却在众多反对意见中力挺 IBM，还制止了下属砍价。因为"你负责砍价，你能负责承担项目风险吗？"他关注的始终只有一件事，就是做好项目。

当项目推行遇到阻力时，他公开表示：没能力像 IBM 那样产生 900 亿美元的产值，又不肯认真学习，在没有完全理解后就表明反对态度，就是在出风头，只能请你离开。

4. 面对 IPD 与现有流程不兼容的难题，任正非提出了"先僵化、后优化、再固化"的方针，以破釜沉舟的决心、削足适履的勇气打开了局面。

IPD 落地过程中，任正非最担心的问题是"回潮"，即咨询团队一走，立马恢复原样。

IT 工具因此得到了任正非的高度重视。他说："如果没有 IT 作支撑，变革就容易产生倒退、回潮。我们一定要逼着 IT 超前地往前走，把工具齐全化。将来实施管理变革的应该是两批人：一批是攻城部队，另一批是守城部队。当一个国家的市场流程打通之后，变革部队要一分为二，一部分去攻下一城，一部分留下守城。"

用刚性的 IT 来梳理流程、重塑组织，才让华为"先僵化、后优化、再固化"成为可能。

5. IPD 的成功，打开了华为跨全流程的业务变革工作，形成了很多方法论，为此后与大量西方咨询公司合作提供了指导。

比如，IPD 最本质的特点是以市场需求为产品开发的驱动力。因此，它是企业的一种投资行为，并不仅仅是研发部门的事情，需要公司各部门共同参与。

任正非一直强调，要站在全局的高度来看待整个管理架构的进步，系统地、建设性地、简单地建立一个有机连接的管理体系，要端到端地打通流程，避免孤立改革带来的壁垒。

比如，以IPD为起点，华为总结出一套变革的底层逻辑：进入新领域时，先看看业界最好的公司是谁，以其为标杆对标学习，并聘请该领域最好的咨询公司，在高层团队的深度参与下精确复制业界最佳实践和制度，消化后再加以扬弃，内化为华为自己的东西。

再比如，IPD目前已经迭代优化了十多个版本，是支撑华为产品研发团队大规模协作的重要工具，但更重要的是它从一开始就建立了宏观的体系概念，是从企业使命和战略的高度规划业务流程体系、打通组织壁垒。

2016年8月，在IPD表彰大会上，任正非这样总结："历经八年，研发IPD团队从2008年的3.2分提高到今天的3.6分，这0.4分是跨时代的进步。因为3.5分以下的IPD开发是相对封闭的，封闭在研发内部，没有与相关流程关联，这0.4分代表IPD与相关流程关联了，做到这样的突破，为公司'万里长城'的发展奠定了坚实的基石。"

6. 华为学习西方管理制度，是典型的实用主义、拿来主义、功利主义。学的第一目的不是爱智求知，而是消化吸收、实践应用。

2009年，华为从学IBM转为学美军，就是一个典型案例。

十年的沉淀，让华为学会了IBM的战法，但"僵化""固化"也不可避免地带来了大企业病，导致组织效率低下。任正非为此强调,"让听得见炮火的人决策"。华为全面借鉴美国军改的思想,系统性地对标美军的组织、流程、干部训战、授权体系,向一线放权。

最终,华为参照美国海军陆战队,"以客户经理、解决方案专家、交付专家组成的工作小组,形成面向客户的'铁三角'作战单元"。"铁三角"的精髓,是为了目标打破功能壁垒,形成以项目为中心的团队运作模式。

"三角"是个形象说法,四角、五角甚至更多也是可能的。它包含两个方面:一是项目层面代表华为的最基本组织;二是系统层面代表各角色资源的组织来源。客户经理是一条线,解决方案专家和交付专家是另外两条线,所在线的部门负责相关角色的业务能力提升。

前端是联合作战,使客户感到华为是一个整体,且在业务流程全过程中分别承担领导责任。比如,拓展客户阶段是客户经理主导,投标阶段是解决方案专家主导,签下合同后由交付专家主导。后端则建立一系列由IT构建的强大平台,包括技术研发、市场营销、后勤支持、财务管理等,确保前方呼唤时能及时得到"炮火"支持。

这就打通了平行部门之间,以及公司前台和后台的业务联系,激活了组织。任正非认为,"铁三角"让华为组织和运作机制由以"推"为主,变成了"推""拉"结合、以"拉"为主。以"推"为主时,是中央权威的强大发动机在推,看不清无用的流程、不出功的岗位;以"拉"为主时,看到哪一根绳子不受力,就将连在这根绳子上的部门及人员一并减去。

7.经过十几年的持续努力，华为在引进西方管理制度方面取得了显著的成效，基本建立起集中统一的管理平台和完整的流程体系，成为ICT领域的领军者。

十几年中的每次变革，华为都是从文化、流程、组织与IT等多个层面展开，是体系化的。特别值得强调的是，每次变革都被任正非视为捍卫企业核心价值观的好机会，是在共同的企业文化下开展，并把成果落实到流程中，用IT系统将其固化。

十几年中，华为经历过冬天、遇到过重大危机，但硬是完成了一边飞行一边换发动机的壮举。在学习西方工具理性的同时，华为始终在内部强调"以客户为中心，以奋斗者为本，长期艰苦奋斗，坚持自我批判"，通过一系列事件不断强化这些认知。

价值理性与工具理性，就这样不停地"拧麻花"，以动态平衡的方式实现了螺旋上升。

任正非的启示

"君子生非异也，善假于物也。"荀子早在春秋战国时期，就在《劝学篇》中写下"登高而招，臂非加长也，而见者远；顺风而呼，声非加疾也，而闻者彰。假舆马者，非利足也，而致千里；假舟楫者，非能水也，而绝江河"。

但这种对"工具理性"的重视，在中国文化中属于支流，传统上中国更讲求"君子不器"，价值理性在文化中是唯一的、至上的。中国古人虽然并不反对对财富的追求，但"商为四民之末"，君子是目的本身，而不只是作为某一特殊有用之目的的手段。

马克斯·韦伯认为，中国缺乏"工具理性"，而这是走向现代社会的关键。因为整个现代社会的发展，就是工具理性压倒价值理性的过程。工具理性兼具目标和手段的双重性，让"神"退出了科学领域，更符合强调实证科学、工业技术、资本增殖的"现代化"精神。

工具理性和工匠不同，中国历史上不乏能工巧匠，但没有诞生"真正的科学"，所以"四大发明"在中外历史上产生了不同的作用。指南针在中国被用来看风水，在西方却成为航海、殖民的利器；火药在中国用来制作烟花爆竹，在西方却推动武器发展，打破了骑士的铠甲，成为推翻封建制度的助力；造纸术和印刷术的普及，在中国造就了以科举为第一要务的士绅阶级，在西方却成为破除宗教迷信、打破文化垄断、推动科技发展的工具。

很多企业引进IT工具、梳理工作流程、学习西方制度，却没有工具理性，本质上跟"师夷长技以制夷"的"洋务运动"差不多。与之相比，只懂"IPD"三个英文字母的任正非，却在决策时展现出高度的工具理性、决断力和沟通力，肯花华为一年利润去学IBM的经验，背后不仅是魄力和战略眼光，还是完全了解自己需要什么、要解决什么问题、用什么方式去解决的工具理性。

只有从这个高度，才能理解为什么要"先僵化、后优化、再固化"。早在1994年的一系列《赴美考察散记》中，任正非就强调"不拼命发展技术，最终会丢失全部市场"，"赶上美国，十分重要的一点就是管理"。在1999年4月的IPD动员讲话里，任正非也解释了为什么他如此看重IPD。

"第一，我们还是希望在技术上有所发展，成为一个优秀的公司，而且我们所进入的产品领域是长线领域而不是短线领域。短线产品无所谓，几个人即可完成，IPD 也没有必要，但长线产品不行。第二，要缩短产品开发周期，加强资源配置密度。资源配置密度就是有非常多的人同时作业，比如说几千人、几万人同时进行一个软件的编程，同时作业。"

这才是工具理性，是认识自己、解决问题的真实体现，关注的是实用、有效和可行。所以任正非不关注报价，只关心能不能成功，以至于员工认为"老板被 IBM 洗了脑"。这种"众人皆醉我独醒"的压力是巨大的，但有抑郁症的任正非挺住了。

这种工具理性，可以在很多大企业家身上看到，比如马云。"云计算"概念提出时，马化腾、李彦宏、马云曾在一次论坛上被公开提问如何看待。李彦宏认为是"新瓶装旧酒"，马化腾直言一千年后可能实现，只有不懂技术的马云，说这就是阿里巴巴的方向，花多少钱都要干。

阿里巴巴为此坚持了近十年，每年都是数以亿计的投入，但几乎看不到回报。主持这个项目的王坚，是出身微软的心理学博士，在阿里巴巴内部承受了巨大的压力，经常在内部论坛中被炮轰。最艰难的时候，80% 的工程师因各种原因离开了阿里云，马云也因此被嘲讽"被搞心理的博士忽悠了"，"阿里云解散"的流言多年来就没断过。

马云说："博士的不足大家都知道，但博士了不起的地方，估计很少有人知道。假如 10 年前我们就有了博士，今天阿里的技术可能会不一样。"他力排众议，任命王坚为阿里巴巴集团 CTO，王坚带领的阿里云比竞争对手早跑了5年,而正是这5年,为阿里的未来赢得了更多可能,王坚也从"骗子"变成了"先知",成为中国工程院院士。

这并不是说,李彦宏、马化腾的水平不如马云,而是因为阿里巴巴比他们更贴近企业客户,能更早地发现需求,更实用主义。

但工具理性的实用主义背后,都伴随着价值理性的理想主义,比如"以客户为中心"。

我们该如何行动?

对于企业而言,制度与文化在某种程度上就是工具理性和价值理性,要有意识地结合在一起考虑。任正非用朴实无华的语言、身体力行的坚持,展示了"拧麻花"的技巧。

曾经有人问任正非,他的管理智慧和管理思想的来源是什么?

任正非回答说:"华为的文化,某种意义上讲不就是共产党的文化嘛。以客户为中心不就是为人民服务嘛,为共产主义理想冲锋在前、享乐在后,不就是奋斗者文化嘛。董存瑞和黄继光都是光荣的,共产党不是长期艰苦奋斗嘛,华为文化跟中国传统文化有什么区别呢?同仁堂说童叟无欺,不也是以客户为中心;中国人讲勤劳,不也是奋斗者文化?"

这种执两用中、兼容并包,才是任正非领导哲学中最让人着迷的地方。

工具理性是启蒙精神、科学技术和理性自身演变和发展的结果,但随着工具理性的极大膨胀,在追求效率和实施技术的控制中,理性由解放的工具退化为统治自然和人的工具，出现了工具理性霸权，以及对人的"异化"和"物化"，成为当代资本主义社会各种矛盾之源。

华为从"向IBM学习"转为"向美军学习"，正是因为发现其对组织精神的"异化"和"物化"之处，所以才要"让听得见炮声的人决策"，发挥人的主观能动性，利用工具、超越工具。同时，任正非通过强调价值理性，反复"拧麻花"，做到了"方向大致正确，组织充满活力"。

所以，"高级干部要读点哲学"是任正非的肺腑之言，值得老板们深思。

工具理性的建立，非一朝一夕之功。任正非的方法是：不要激进，做一个改良主义者，通过不断地管理进步，一小步一小步地改进，一小步一小步地进步。"任何事情不要等到问题成堆，而后做英雄弹指一挥间'力挽狂澜'，而是要不断地疏导。"

华为总结的"7个反对"，是踩过无数"坑"后反复提炼得来的宝贵经验，值得老板们在构建、学习制度时反复揣摩：

（1）坚决反对完美主义，追求完美就不可能有增长点，要实事求是，追求可操作性。

（2）坚决反对烦琐哲学，变革要始终围绕"为客户创造价值"，简化组织和流程。

（3）坚决反对盲目创新，大力提倡改良，谨慎使用变革，变革的量只是5%或者更少。

（4）坚决反对没有全局效益提升的局部优化，改动的成本会抵销改进的效益。

（5）坚决反对没有全局观的干部主导变革，不追求公司利益最大化，克制组织欲望。

（6）坚决反对没有业务实践经验的人参加变革，拒绝变革亢奋症，不打无准备之仗。

（7）坚决反对没有经过充分论证的流程进入试用，不允许大权独揽、独断专行。

小结：内练外学，警惕"抽空"

我们用了两章的篇幅，分析了任正非领导哲学模型最下端的"学"字。

"学而不思则罔，思而不学则殆"，制度和文化是一个硬币的两面，不可分割。由于历史原因，中国在高科技领域是后来者，也缺乏"工具理性"的传统，任正非的卓越之处，就是很早就意识到了中国在高科技领域需要的不仅仅是技术。

任正非尊重知识，愿意为知识付费。他曾多次对华为干部谈道："我们只有认真向这些大公司学习，才能使自己少走弯路，少交学费。IBM 的经验是付出数十亿美元的直接代价总结出来的，他们经历的痛苦是人类的宝贵财富。"

但在中国这样的企业太少了，华为对 IBM 管理体系的复制和学习，一度让 IBM 内部认为中国市场很大，需要这类知识的企业很多。

但几年后才发现，这个判断大错特错，中国市场远没有想象的那么大，华为这样的企业是极少数。大部分企业执着于赚快钱，没有决心把能力沉淀在组织之上，更不要说形成文化、构建制度。

但学华为，最怕的是似是而非、买椟还珠，光看到华为恐怖的竞争力、以公司为家的责任心和"干部能上能下"以及"奋斗者"自愿放弃假期等表面，然后就希望在自己企业复制，完全不顾背后的精神、文化和制度设计，本质上是一种"打着红旗反红旗""李逵变李鬼"式的"抽空"，是对革命精神、替天行道的歪曲和丑化。

企业界也是如此。不少企业，一方面是"客户第一、员工第二、股东第三"，是"向解放军学管理"、学稻盛和夫、学《孙子兵法》、学《道德经》、学王阳明，学华为的"狼性""狼文化"；另一方面是抽空这些文化和制度的实质，用慷慨激昂的口号、貌似积极的行动，掩盖封建思想、消费主义的内核，自己不信，员工不信，社会也不信。

华为学的是西方管理制度，补的是工具理性的课。但华为的内核，却是典型的革命精神、外儒内法和知行合一，在价值理性上是完全中国化的。任正非真正厉害的是，能将工具理性始终置于价值理性之内，并用"拧麻花"的方式，让二者对立统一、和谐共生，不要工具理性霸权，也防止价值理性抽空。

对内练文化、对外学制度，兼容并包、内练外学、警惕"抽空"、执两用中，是学习任正非领导哲学的又一个重点。

6

竞争篇

HUAWEI

第九章　工业时代：面对竞争，亮剑争锋

"聚三军之众，投之于险，此谓将军之事也。"好的将军都是打出来的，你到底有没有领导力，你的领导力水平是高还是低，一上战场就一清二楚。

自古商场如战场，商业竞争与战争一样，需要攻防对抗。

华为是从残酷的市场中杀出来的，而任正非在此过程中展现出了卓越的领导力。

大企业面临的最大挑战，就是如何在保持正规军规模优势的同时，还保持游击队那种敏捷和活力，而华为则是业界翘楚，国内独一份。这是如何做到的？

细看华为发展史，你会发现2011年是个关键年份。在这一年，华为扩展了业务边界，从过去聚焦单一的运营商市场，转向了2B、2b、2C三个市场，成立了运营商BG、企业BG、消费者BG，2020

年又成立了 Cloud & AI BG，形成了四大业务集团并立的局面。

这种调整是紧扣时代脉搏的。2012 年以后，移动互联网在国内普及；2020 年以后，云计算、人工智能需求彻底爆发，华为都做到了未雨绸缪、快速调整，而且完成了管理体系从单一到多特性的演进。

在此之前，全球能同时将 2B、2b 和 2C 三种业务经营成功的企业寥寥无几，因为这些业务在销售、研发、品牌宣传等环节均存在较大的不同，不能以同样的流程承载。不仅如此，新老业务还同时面临从工业时代到数字时代的转变。

北电、诺基亚、摩托罗拉等通信行业巨头，都在时代巨变中折戟，华为却通过对内调整、对外竞争，在两个方面都取得了空前成功。在前几章中，我们已经大篇幅探讨了华为内部的调整，接下来我们从外部竞争的视角，来看看任正非面对市场竞争时展现的领导力。

2012 年以前，华为处于生存发展期，比起国际巨头来是名副其实的后来者、小字辈。但正如任正非在内部推崇的影视剧《亮剑》一样，华为敢于以小博大、以弱击强，用"亮剑精神"杀出了一条血路。

任正非曾经有过比喻，国际巨头们是狮子，华为是土狼，土狼要想跟狮子竞争，就要讲策略、讲团结，齐心协力拧成一股绳。华为坚决拒绝战略上的机会主义，在发现战略机会点后坚持"压强原则"，也就是将有限的资源集中于一点，在配置强度上远超竞争对手，以求重点突破，然后迅速扩大战果，最终达到系统领先。

这才是华为真正的"狼性"，也是华为以弱胜强、快速成长的原因。

领导者的困惑

大多数老板活在一种矛盾的状态中。

比如,一方面认同"财聚人散,财散人聚",另一方面感慨"慈不掌兵,义不聚财"。

比如,想要真诚领导、想要以诚待人,但现实是压力来自四面八方,满腔苦水不敢也不愿与人倾倒。

比如,欣赏理想主义,但现实的竞争压力之大,让一切理想主义都看起来是理想化;选择现实主义、实用主义的"狼性",却又跟不上时代变化,还被员工吐槽和抵制。

比如,如何看待机会主义?如何看待多元化和聚焦?看准时机、抓住机会本是自己成功的经验,为什么这几年却成了公司不断亏钱、自己焦头烂额的原因?

再比如,股权期权本是激励手段,但似乎越来越难打动员工,更不要说让他们出钱购买了。特别是制造业,现在连招人都困难,年轻人宁可送外卖也不愿下工厂。

这些普遍性的难题,都曾以不同形式、不同面貌,在不同的历史阶段出现在华为身上,特别是2012年以前。但任正非给出了近乎完美的解决办法,其中有两点尤其值得注意。

一是深刻的时代洞察力。华为是从市场蛮荒时代杀出来的,但任正非几乎从未被时代和成功经验裹挟,在蛮荒时代、工业时代和数字时代都表现出惊人的定力和灵活。

二是从"竞底"向"竞优"的坚持,在开放、妥协和灰度中不断带领华为实现组织进化。

任正非的案例

郭士纳出任 CEO 后不久，就提出了"制造业 4 条基本规律"，以此指导 IBM 变革。这给参访的任正非留下了深刻印象，他简直如获至宝。

这 4 条规律是：从事制造业，产品技术必须领先；必须建立客户导向型营销体系；未来的制造业不仅要卖产品，还要卖服务；在电子消费领域，企业只有在核心产品上聚焦，才能具有规模优势。

任正非说过，华为进入通信设备制造业是因为"无知"。而且，"为了一个小灵通，为了一个 TD，我痛苦抑郁了 8 到 10 年"。向 IBM 学管理，让华为建立了现代化的科研管理体制，这 4 条规律也成为华为制定战略的指导规则。

《华为基本法》规定，企业每年必须从销售收入中拿出至少 10% 投入次年的产品研究开发工作，构建持续产品技术壁垒，就是受此启发。这 4 条规律也是华为在市场竞争中秉承的信仰，其与灵活的竞争手段结合起来，才让华为以战养战、越打越强。

我们通过几个例子，来看看华为是如何把坚定的信仰与灵活的手段相结合的。

1. 到农村去，到海外去，先交朋友再卖货。

在代理交换机利润丰厚时，华为选择了自研产品。任正非坚信一件事，就是中国市场目前这种"七国八制"的情况不会长期持续下去，中国通信行业一定要有自主知识产权的交换机，因此潜心投入，带领团队用万用表、示波器做出自主产品。

产品质量有差距，就学我党"农村包围城市"的策略，去三、四线这些跨国巨头看不上的边缘市场，从一个镇一个县的电信局开始攻关。产品稳定性差，就用服务和人力弥补，24小时待命。"华为的人干起活来不要命"，这种口碑才是让受够了巨头们傲慢的甲方认可的关键。

在IT泡沫破灭、国内增长乏力的冬天，华为半被迫、半自主地走向海外市场。在西方发达国家得不到承认，就先去亚非拉第三世界；在第三世界依然无法打开市场，那就先交朋友，先做巨头们不愿做、不屑做的事情。

2. "活下去"是硬道理，团结一切可以团结的力量。

1993年，在广东省和深圳市的支持下，华为与全国21家省会城市邮电系统联合成立了莫贝克，这个名字据说集自莫尔斯、贝尔、马克尼三个通信技术发明人的名字。公司总资本8900万元，其中华为出资5000万元。

这是华为当时的唯一子公司，但那5000万元压根儿就没到账。真要有那么多钱，任正非也不必成立这个公司了，因为华为当时缺钱，而银行也不会给既没资产又没名气的华为贷款，唯一的办法就是"对内打白条，对外引资金"。莫贝克就是个壳子，并无自我造血功能，却让华为建立了与一批重要客户的良好关系。

对于邮电系统而言，这是用自己的资金在自己的地盘做市场，让自己获利，自然会全力以赴。华为则利用这筹集到的3900万元资金，完成了具有里程碑意义的C&C08数字万门程控交换机开发，而且通过与电信局客户之间形成联盟，获得了市场，迈过了生死关。

"利益共同体"模式立竿见影。华为的交换机，通过莫贝克的渠道迅速低价冲击全国市场，迫使交换机销售价格从200~300美元/线降至80美元/线，邮电系统也因此将电信业务迅速推广至全国，实现了全社会、消费者和邮电系统的多赢。华为的营收，也从1992年的1亿元增长到了1996年的26亿元。

但代价也是巨大的，华为答应每年给投资者33%的回报，每年都要拿出1300万元分给股东们，这对当时还弱小的华为是一个沉重的负担。后来，华为电源事业部并入莫贝克，莫贝克开始独立发展——通信主机的大规模更新，带动了通信电源行业的大发展。

1997年，莫贝克更名为华为电气。2000年，华为电气和华为技术分别出资90%和10%成立了安圣电气。2001年，美国艾默生公司以7.5亿美元收购了安圣电气。这是当时国内最大的并购案例，为过冬的华为提供了宝贵的现金流，又一次让华为起死回生、渡过难关。

安圣电气内部一批员工，在收购后几年内陆续离开，又建立了汇川、英威腾、三晶、七喜等公司，促进了中国工控、光电、变频器和伺服等产业的繁荣。

3.直面"世纪诉讼"，亮剑国际市场。

2002年，华为在国内一系列重大项目招标中击败思科，斩获大量市场份额。同年6月，华为亮相美国亚特兰大通信展，展示了一系列性能与思科相当、价格却低了20%~50%的数据产品，并在美国主流媒体上刊登极具挑战性的广告："它们唯一的不同就是价格！"

这引起了思科创始人钱伯斯的注意，据说他曾在华为展台上停留了十几分钟，并详细询问华为路由器的技术情况，但华为工作人员并没有认出他，反而拼命进行讲解介绍。

2003 年 1 月，思科在美国得克萨斯州东区联邦法庭提起诉讼，指控华为及其美国子公司盗用部分思科的源代码，对思科专利形成至少 5 项侵权。思科要求华为在全球范围内撤出产品，已购买客户在 30 天内停止使用，并要求华为对其支付巨额赔偿。

起诉书长达 77 页，列出了八类指控共计 21 项罪名，几乎涵盖了知识产权诉讼的所有领域。同时，思科花费 1.5 亿美元广告费，在媒体上猛烈攻击华为产品侵犯专利、存在安全问题，还攻击任正非的身份背景。

这是华为成立 17 年以来，首次遭遇跨国知识产权诉讼，给华为当时的国际市场开拓带来了巨大的压力。沟通无果后，任正非决定应诉，华为聘请了美国两家著名律师事务所，并以开放的姿态积极与媒体互动，内部也开展紧急清理工作。

2003 年 3 月，华为与美国通信巨头 3Com 成立合资公司 H3C。3Com 一直是思科的竞争对手，也是老牌的美国公司。"敌人的敌人就是朋友。"时任 3Com 公司 CEO 布鲁斯·克莱弗林，以自己的名誉为华为产品做了担保。

3Com 向法庭出示了一份报告，证明其在成立合资公司前，与华为一起做了为期 8 个月的双向认证。如果华为有侵犯知识产权的事实，3Com 不会冒巨大的风险选择与华为成立合资公司。克莱弗林亲自出庭，为华为提供了关键证言，并一针见血地指出："思科在寻求广泛的初步禁止令，完全没有考虑它是否侵犯了思科的知识产权。"

2003 年 6 月，3Com 要求判决与华为合资生产的产品没有侵权。

2004 年 7 月，华为与思科最终签订和解协议，终止各自提出的诉讼及反诉讼请求。法院据此签发法令，思科今后不得再就此案提起诉讼或者以相同事由提起诉讼，诉讼及相关费用由各方自行承担。

18个月后，任正非在华为接待了来访的思科创始人钱伯斯。2013年，在接受法国媒体采访时，他说："我不如钱伯斯，他是我的好朋友，但又真正理解了多少他的优点？"

4.围剿港湾，扼杀"小华为"。

2004年，与思科的"世纪诉讼"接近尾声，华为成立了"打港办"，全力围剿港湾网络。

港湾是华为原副总裁、"天才少年"李一男创办的公司。他为华为C&C08万门数字程控交换机的研制立下了汗马功劳，一度被视为华为的接班人。但他在任正非鼓励"内部创业"时出走，任正非多次挽留无果，召开欢送会，让其成为华为代理商，成立了港湾公司。

两年后，李一男打破"可以销售、使用华为产品，但不能在技术上与华为竞争"的君子协定，在华平等风险投资机构的助力下推出自主产品，吸引大批华为中高级员工加入港湾。华为收回了港湾的代理权，双方开始贴身竞争。

2003年，港湾年销售额突破10亿元，同时通过并购和自主研发，在部分产品上拥有领先优势，被公认为"小华为"。2004年3月，港湾获得了华平、TVG投资、淡马锡控股等注资的3700万美元，并启动了纳斯达克上市程序，成为华为的心腹之患。

华为成立"打港办"，从战略高度对港湾进行针对性围剿。"打港办"有两条基本原则：一是让港湾有营业额但赚不着钱，二是绝对不让港湾上市。任正非一次性调拨4亿元，而港湾当年的应收账款也不过4亿元。

华为洞察港湾网络的每一次行动，并及时参与港湾的大型竞标。竞标的规则由任正非亲自制定：只要港湾参与项目竞标，华为也必须参与，且价格不允许高出港湾。竞标输给思科、中兴等竞争对手可以被原谅，但如果输给港湾，参与竞标的办事处主任就地免职。

在对待客户时，对采购港湾设备的，华为不惜白送；对已经使用港湾设备的，华为就回购。同时，华为无孔不入，以高出30%~200%的工资从港湾大规模挖人，港湾整个公司在华为面前几乎是透明的。

2004年下半年，港湾有机会在中国香港上市，但李一男认为价格太低，选择放弃。2004年8月、2005年9月，港湾两次冲击上市，但都在关键时期被匿名举报至美国证监会，举报原因是其涉嫌制造虚假销售数据、侵犯知识产权等，华为也向其提出了知识产权诉讼。

港湾的上市因此被拖黄，李一男想把港湾卖给西门子，协议都签好了，还是被华为以知识产权纠纷为由阻止。最终，华为用17亿元，于2006年6月并购了港湾。任正非对此的评价是"惨胜如败"，"我们没有退路，如果我们放弃竞争，只有死路一条"。

5.终端崛起，笑傲手机江湖。

2011年后，华为进入消费者市场，先后在路由器、手机、笔记本电脑、智能家居等领域取得成功，特别是在手机领域的竞争，堪称一波三折。

2003年7月，华为成立手机部门，调拨2亿元资金做华为小灵通。在此之前，华为无线部门曾经历了不同负责人先后六次的连年上报，要求立项手机项目，均被任正非否决。但为了狙击竞争对手UT

斯达康，加上运营商需要定制 3G 手机，没有手机会影响华为 3G 网络设备销售，华为正式进入手机市场。

2003—2010 年，华为手机的存在是为了给主航道保驾护航。2008 年，任正非甚至一度考虑将其出售，但购买方报价仅为预期的 3/4，且华为蓝军部提出了"放弃终端，就是放弃华为的未来"的阻止意见。

2010 年底，任正非重新定位了终端业务，明确了终端公司在手机终端领域要做全球第一的长远目标，并对其业务方向做了三个调整：在产品上，从低端手机转向高端手机；在市场上，从无品牌转向自主品牌；在用户重心上，从运营商转向消费者。

任正非强调要勇于按消费品的规律办事，要花大价钱做品牌管理、进行产品规划和研究消费者心理。2011 年，消费者 BG 正式成为华为三大业务集团之一。

志存高远的顶层设计，为终端的发展指明了方向，但华为手机走得并不顺利。华为砍掉了 3000 万台白牌运营商定制机，导致 15 家欧洲运营商客户中的 14 家中止了合作。最初发布的几代旗舰机，市场表现也非常惨淡，但华为硬是熬下来了。

对内重视研发投入和渠道建设，对外关注用户体验和品牌形象，华为同时积极向竞争对手学习，特别是对小米营销模式进行了"像素级模仿"。2013 年，华为通过调研把用户分成 8 种类型：积极掌控者、时尚先锋、身份彰显者、潮流追随者、科技粉丝、实惠社交族、传统沟通者、简单使用者，并以积极掌控者和时尚先锋作为华为手机的目标消费者。

华为先后抓住"薄"、大屏、拍照等几个消费者关心的痛点突破，同时开启电商之路，在种种压力下坚持启用海思芯片，设计了自己的 UI，并与保时捷、徕卡等高端品牌联名，一步一个脚印硬是走通了中高端之路。2019 年，华为智能手机全球出货量超 2.4 亿台，稳居全球第二，还推出了自主操作系统 Harmony OS。

2023 年，在经历美国封杀、元器件断货等一系列重大打击后，华为终端恢复增长，第二季度在中国高端市场份额第二，手机市场份额增幅 76.1%。此外，华为鸿蒙生态的设备数量也超过 7 亿台，已有 220 万 Harmony OS 开发者投入到鸿蒙世界的开发中来，华为终端 BG CEO 余承东激动地表示：“轻舟已过万重山。”

任正非的启示

冒险和创新，是企业家的两项基本工作。优秀企业家自身的独特价值，正是在不确定性中发现确定性而体现出来的。任正非经常说，华为是家有"赌性"的企业。

"我们那么小就敢赌，何况现在？"在任正非看来，敢赌就是战略眼光，就是聚焦大的战略机会，看准了就集中配置资源压强在关键成功要素上。但是，华为不是只赌一种方法、一种技术、一个方向。

"赌"某一种路线，是小公司才会干的，因为他们的资金不够。华为有足够的资金，在主航道里多路径、多梯次前进，使用密集型投资，来缩短探索方向的时间。"坚持多路径的方向就不会僵化，要互相攻击，形成'黑天鹅梯队'、预备梯队，理解歪瓜裂枣……"

但华为坚定地拒绝机会主义。正如不能单纯为了战争而战争一样，企业也不能简单地为了赢得竞争而竞争。战略真正的目的，是捕捉环境机会、转化环境风险，进而求得自身的生存与发展。

做什么、怎么做、用什么做，是战略的三个基本问题。任正非的卓越之处，就是能做到始终把可行性作为战略目标的首要标准，而且目光长远、不受短期目标诱惑，绝不同时追逐多个目标，总能做到在重要的局部战场集中优势兵力。

最好的竞争战略，永远是以竞争对手的行动为条件。真正的高手，不会只盯着一时的你死我活，而是着眼于不断变化的大局。有效的攻击可以一举使竞争对手的整个战略体系陷入崩溃，在关键的局部集中资源就可以取得压倒性的优势，进而获得全局的主动。

纵观华为竞争史，以服务之重补产品之不足、"农村包围城市"，是在市场的缝隙突破；成立莫贝克、与3Com成立合资公司，是借助盟友的力量突破；狙击港湾上市，让其有营业额却挣不到钱，是在竞争对手最虚弱的时候、最薄弱的环节突破；发力手机中高端市场，先后围绕"薄"、大屏、拍照功能来一代代打造产品，是从消费者最敏感的地方突破……

并不是每场胜利都那么重要，也并不是所有的胜利都只能通过对抗的方式来取得。"农村包围城市"、以服务之重补产品之不足是一种立足现实的妥协；成立莫贝克、用产品换市场是市场蛮荒时代的灰度；不计代价地扼杀且并购港湾，是"围三阙一"的古老智慧；与思科握手言和、从中华酷联到华米OV再到坐二望一，是在战争中学习战争、面向未来、"没有永远的敌人"的开放包容……

需要强调的是，在业务管理方面，任正非的领导哲学是西式的工具理性；但在竞争行为和竞争战略方面，任正非所体现的领导哲学却完全是传统的、本土化的。

中国传统竞争哲学，基本由儒、法、道、兵这些学派构成。北大管理学教授、军事学博士宫玉振曾提出一个"钻石模型"来描述它（如图9-1所示），而任正非在竞争中将其完美展现。

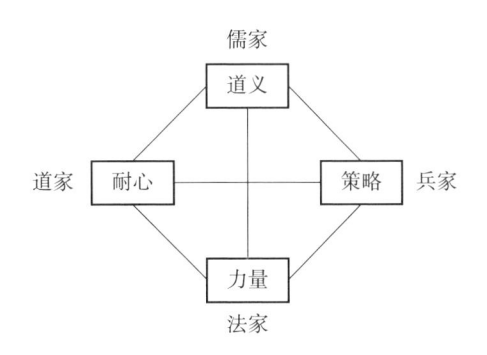

```
            儒家
            道义
           ／  ＼
   道家  耐心——策略  兵家
           ＼  ／
            力量
            法家
```

图 9-1　中国传统竞争哲学的"钻石模型"

宫玉振认为，儒家、法家、道家、兵家，既构成了完整的中国竞争哲学，也构成了竞争的四大要素：道义、力量、耐心、策略。

在宫玉振看来，儒家是以道义为核心的竞争哲学，强调"四海一家""仁人无敌于天下"，相信"德生力"，追求一体与和谐；法家是以力量为核心的竞争哲学，以利益为目的，以实力为基础，以斗争求和平，功利、冷酷、现实；道家是以耐心为核心的竞争哲学，是从时间的维度来理解竞争，强调自制低调、守时待机，不看重一时的胜负得失，而是着眼于长远的力量消长；兵家则是以策略为核心的竞争哲学，"百战百胜，非善之善者也。不战而屈人之兵，善之善者也"。

用这个模型来看任正非和华为，会发现两者意外契合。爱党爱国、以客户为中心、以奋斗者为本，牢牢占据了道义高地；"板凳要坐十年冷""烧不死的鸟才是凤凰"是长期主义的耐心；"聚焦主航道""开放、妥协与灰度""方向大致正确，组织充满活力"是不变的策略；而"压强原则""亮剑精神"都是力量的展现。

这里真正令人赞叹的，是任正非"天行健，君子以自强不息"的精神、高度的责任心、超强的战略定力，以及激活组织的种种实践，而这四者又是一个不可分割的整体。

没有"自强不息"，就不会勇攀高峰、力争第一；没有高度的责任心，就不会战战兢兢、如履薄冰式地为员工真金白银的投入负责；这种责任心，才是华为战略定力的核心，没有把集资来的宝贵资金以"多元化"和增值的名义胡乱浪费，也让华为对新业务、新行业的进入始终抱有敬畏之心；与此同时，任正非成功地把员工对他个人的信任，转化成了华为的信誉，从而让 20 万知识分子归心，带领华为不断从胜利走向胜利。

我们该如何行动？

任正非曾经问过高管一个问题：华为成功的原因是什么？答案五花八门，但都未令任正非满意，他的答案是增长。

没有持续不断的增长，华为早完了。华为早年的故事，就像《三体》里维德那句著名的台词："前进！前进！！不择手段地前进！！！"

2012 年以前，中国是从市场经济一穷二白的蛮荒时代走入"中国制造"的工业化时代。工业化时代对应的是匮乏，它是规模和范围的经济，产权和契约是基础。产权提供了原始的动力，契约保证了交易的公平，而任正非以"不自私"的初心、"打白条"的方式，意料之外却又情理之中地破译了资本主义和现代公司的基因密码。

工业化的核心是修路，开辟海上和空中航线、建设铁路等，也包括信息高速公路。华为坚持管道化战略，就是因为任正非相信时代潮流不可逆转，管道越粗、越大、越健壮，信息就越快、越好、越安全，所以有条件要上、没有条件创造条件也要上……

打白条、内部集资、自主开发、组建联盟、市场部大辞职、7000人切换工号、奋斗者协议……都是为了前进、都是为了增长、都是为了"活下去"。

但工业化在解放生产力的同时，也带来了很多负面影响，比较典型的就是人的"异化"和组织的"僵化"，进而造就了中国企业常见的"竞底"思维。

所谓"竞底"，就是把自己或他人打到难以容忍的底线，从而获得竞争优势。它以打压人的价值为基本手段，以获得暂时的竞争力提升，即从常规状态不断向底线靠拢的过程。比如"头悬梁，锥刺股"地背书而不是享受求知的快乐；比如鼓吹"996是福报"而不是认真研发、老实干活；比如削减治污成本，以环保为代价来获得成本的降低。

它是一种全方位的超限战，挑战的是人对各种不良底线的忍受力，也是中国人勤劳而不富裕的重要原因之一。它可能会使全社会的总财富增加，但同时也必将驱使贫富两极分化。它可能使中国人的生活更加富足，却不能使他们更幸福，也会加剧社会失衡。

不可否认的是，在与行业领先者差距过大的情况下，"竞底"思维是快速拉近差距的手段，即所谓"失去人性，失去很多；失去兽性，失去一切"。任正非在经营华为的过程中，很好地结合了"竞底"和"竞优"两种思维模式，真正让华为这个由20万知识分子组成的庞然大物，实现了"文明其精神，野蛮其体魄"。

从竞争力维度来看，任正非建立了一种以结果倒推的秩序和文化，是完全绩效导向、让结果说话的，有很强的实用主义精神，是去理想化的，像草原上的游牧民族；但从更长的时间周期来看，华为又不简单追求效率、不急功近利，追求抗周期和永续发展，是追求稳定、有着超强耐心的农耕文明。

这是极具中国特色的"外儒内法""内圣外王"，还混合了革命的乐观主义。反观大多数号称学习华为的企业，是一叶障目，只见树木不见森林的。缺乏道义的力量、没有耐心的冲锋、毫无策略的竞争，事实上既做不好"竞底"，更做不了"竞优"。

因此，学习任正非领导哲学，首先就要有洞察力，洞察时代和行业，理解组织和自己，从内心的价值观出发，以沉着镇静的心理，进行清晰而合理的计算，从容不迫，谋定后动。

毕竟，增长是解决一切问题的最有效的方法。

第十章　数字时代：跨界创新，合作共生

2023年8月，华为发布了2023年上半年经营业绩，营收、净利双双扭亏。

2023年上半年，华为实现销售收入3109亿元，同比增长3.1%，净利润率为15%。其中，ICT基础设施业务收入为1672亿元，终端业务收入为1035亿元，云计算业务收入为241亿元，数字能源业务收入为242亿元，智能汽车解决方案业务收入为10亿元。

与2022年同期相比，华为上半年净利润增幅明显，达到了209%。

值得一提的是，华为以手机为主的终端业务收入停止下滑，收入比2022年同期增长2.2%。IDC数据显示，二季度华为手机出货量增速76.1%，在市场排名方面重回前五，在600美元以上的高端市场更是名列第二。

自中美贸易摩擦开始，华为从2019年以来连续遭遇美国五轮封

杀，再叠加新冠疫情，业绩受到重大影响，2020 年华为营收为 8914 亿元，2021 年、2022 年分别为 6368 亿元、6423 亿元。终端业务更是因为芯片被"卡脖子"等一系列原因，从"坐二望一"沦为统计中的"Others"，2020 年还因"产业技术要素不可持续获得"被迫出售手机双品牌之一的荣耀，换来 2000 亿元应对经营困难。

新出炉的财报说明华为已经逐渐摆脱了生死危机。此前连续多个财季，华为业务萎缩而开支巨大，2022 年同期净利润率仅有 5.5%，基本是赚多少花多少，长此以往抗风险能力和开拓新航道的能力是会下降的。目前虽然作为现金奶牛的终端收入依然没有回到巅峰水平，但盈利的提升意味着存款的大幅增加。

华为轮值董事长孟晚舟表示："华为抓住数字化、智能化和低碳化的发展趋势，在根技术上压强投入，聚焦为客户和伙伴创造价值。"在 HDC 2023 开发者大会上，华为终端 BG CEO 余承东宣布："轻舟已过万重山，华为手机走在回归道路上。"鸿蒙生态设备已达 7 亿台，Harmony OS 开发者人数超过 220 万，华为正在以更多设备、更多应用、更多元服务来完成鸿蒙生态的建设布局。

这一切离不开任正非在华为数字化方面的坚定投入、前瞻布局，以及以终为始、推动华为"炸开金字塔"、激活组织的卓越领导力。

所谓"数字化"，是指由大数据、人工智能、移动互联网、云计算、区块链等一系列数字化技术组成的数字综合体，具有全空域、全流程、全场景、全解析和全价值的特点，这种"五全"特征的基因，一旦与任何一个传统产业链结合，就会形成新的经济组织方式，从而对传统产业构成颠覆性冲击。

"数字化"时代，数据开始成为生产要素，成为当前最先进、最有穿透力的生产力。它重塑了经济社会生态，也塑造了全球产业和贸易的新格局、新趋势。而这些新趋势又要求我们必须积极调整产业发展和公司组织方式，从过去的商品和要素流动型开放，向规则、组织、文化等制度型开放转变。

领导者的困惑

数字化的重要性，已经不需要再跟老板们扫盲，但实践中每个企业都有一肚子苦水。

比如，数字人才短缺。数字经济与实体经济的融合，引发了组织、业态、模式的深度变革，导致数字人才结构性短缺。

比如，战略缺位的挑战。大多数企业并不是从业务、竞争和商业模式的角度来部署数字化，在战略方向指导上显得盲目，缺乏与业务的强相关，难以从数字化投入中看到价值。

比如，企业认知不到位，更多地关注技术层面，忽视了战略和组织文化变革的重要性。而且，数字化转型需要企业具备技术创新、业务能力建设、人才培养等多方面的系统。

比如，价值难实现、预算限制和投入无法继续。数字化投资见效慢、周期长，需要企业全面系统地深入部署，但它难以用传统的绩效指标衡量转型效果，短期内企业会觉得数字化部署"失灵"，其价值常常受到管理层的质疑，致使投资持续性减弱，进而形成恶性循环。

再比如，创新协作弱、跨界融合难。数字化创造了新的商业模式，但也破坏了既有经济结构。创新业务模式需要打破旧有格局，还要有跨部门、跨领域、跨企业的协调和整合能力，需要供应链上下游企业的合作共赢，但这种新的跨境整合往往很难实现。

更不要说，制约企业的还有资金问题、安全问题、核心数字技术及第三方服务供给不足、数据治理不完善、数字化建设缺乏针对性等因素。

困难的主要原因是数字化转型与管理变革、业务变革和流程重整等是同一个事物的不同方面，密不可分、相互作用并互为支撑。此外，数字化时代的基本特征之一，就是技术不断被快速迭代甚至颠覆，只能如任正非所言，"以规则的确定性，来应对结果的不确定性"，"即使有'黑天鹅'，也只会在我们的咖啡杯中飞"。

因此，数字化转型不仅需要技术、流程、数字这些"术"的层面，更需要领导力、战略和变革这些"道"的层面。而领导力本身，则要完成从工业时代向数字时代的嬗变。

事实上，上述种种问题，华为也一个"坑"没少地踩到过。

任正非的案例

2018年底，一篇名为《华为云：听从你心，无问西东》的文章在华为心声社区刷屏。文中指出华为云近年来的定位模糊不清，想要涉及虚拟云、公有云、私有云诸多方面，华为是一个擅长打硬仗的企业，却在云计算这一关键战役上，将自己的一手好牌打得稀烂。

作者举了很多例子，来论证华为云近几年的最大问题：概念多、落地少，而这是执行力太强的副作用。而且，华为云一个To B的企业，非要去学杜蕾斯、阿里巴巴这种To C的企业，把品牌宣传活成了段子手。

最重要的是作者对华为云各个业务部争抢客户的质疑。本为解决大公司懈怠问题的内部赛马机制，反而导致各组之间重复提案、争抢客户，甚至互相恶性竞争。组织管理都出现了问题，还谈什么专业，谈什么"以客户为中心"？

"超越阿里，绝不能是在名词数量上！"万字长文引发大批跟帖，不少员工现身说法，直言不讳地讲出华为云乃至公司存在的种种问题。

这个帖子引起了任正非和华为高管的注意，很快便以2019年总裁办电子邮件的形式，报送华为董事会、监事会，并向全体员工公开。两个月后，任正非又向全员转发了《治军首在选将，市场大会也是练兵场》的帖子，文中对华为云事业部的领导提出了严厉的批评。

任正非的"按"只写了8个字：百花齐放，科学争鸣。

这是转型中无可避免的阵痛。任正非认为，华为从20世纪90年代搭上了数字化的列车，主要是依靠数学在电子技术上构建了优势，获得了产品与服务的成功，这只是信息领域的很小一部分，场景化应用华为不清楚，未来的路更长更难，现在只是万里长征第一步。

因此，华为自2017年起，掀起了从业务、组织、文化、制度等层面的全方位变革，以便更好地拥抱数字时代。2019年美国制裁压下后，数字化更是上升到了决定华为生死存亡的高度。

1. IBM，是让华为理解数字化驱动变革的老师。

华为引进IPD时，任正非最初关注的是如何引进一套有效的研发体系，但在项目推进过程中，任正非等高层开始深刻理解数字化的作用和意义。

自 IPD 项目开始，华为的所有管理变革懂得了流程与 IT 的结合理念，有了 "digital inside"（数字化使能）的基础。当时华为内部有很多不理解、不认同的声音，但任正非以其魄力和定力顶住了，华为内部处理了 100 多名管理干部，包括不少中高层管理者。

项目进行到一半，"华为的冬天"来临。现金流捉襟见肘之际，华为内部不少人建议中止或者暂缓不停烧钱且让大家都不知该怎么做研发了的 IPD，被任正非一口拒绝，并且处理了数位心怀抵触的高级干部。最后，任正非宁可停了几处华为的基建项目，也要确保 IPD 项目投入经费和进度不变。

熬过艰难时期，努力取得了回报。IPD 项目成果落地后，华为驶入了高速发展的快车道。如今，华为在流程、IT 和管理体系方面，已经"青出于蓝而胜于蓝"，超过了 IBM。

学习，也自此成为华为的信仰。"一杯咖啡吸收宇宙能量，一桶浆糊粘接世界智慧"，还有华为尊重老师的传统，就是这么沉淀为企业文化的。

2. 深耕黑土地，"多打粮食"。

2017 年，在访问加拿大期间，任正非分别与 4 所高校的校长、华为员工进行了座谈。

在谈到华为下一步的发展时，任正非说："华为立志把数字世界带入每个人、每个家庭、每个组织，构建万物互联的智能世界。""我们没有竞争对手，我们是和大家联合起来服务人类社会，所以伙伴越多越好，而不是我们一枝独秀。""我们的本质是'农民'，最大的优点是种地，要深耕黑土地，不断增加土壤肥力，多打粮食。"

任正非所说的"黑土地",就是对ICT基础设施,特别是软件和云的形象化比喻。"我们做黑土地的能力是小公司做不到的,有了土地就能长庄稼,庄稼长多了就是我们的云。"任正非认为,软件方面的整合要发挥"黑土地"的价值,云是华为的"黑土地","黑土地"上长着花花草草,这些花花草草就是华为的软件生态。

这是很难的一件事,华为是一个传统的硬件厂商,由硬件成功转型为先进软件公司,在全世界都没有先例。

3. 华为云的"三不"原则,从跌跌撞撞到站稳脚跟。

2017年,华为云成立,并为自己定下了"不碰应用、不碰数据、不做股权投资"的"三不"原则。华为轮值CEO徐直军对此解释:在云这个领域,华为不投资集成商或应用开发商,不会培养一帮"亲儿子",让其与合作伙伴竞争。

华为的目的是给生态伙伴吃下定心丸,表明华为不会吃独食,其生态伙伴有足够的空间,而且华为会主动给合作伙伴赋能,只有伙伴成功了,华为的产品才能卖出去。

2017年,华为高管曾放言,华为公有云三年超过阿里云,同时将成为未来全球的五朵云之一。结果不到两年,就出现万字长文批评。2020年4月,华为云又发生了大面积宕机。

华为在跌跌撞撞中的咬牙坚持,让华为云逐渐站稳脚跟,并于2020年从BU升级为BG。《中国公有云服务市场(2022年)跟踪》报告显示,2022年下半年,华为云市场占比为13%,与排名榜首的阿里云32.6%的份额有较大差距,但已在第二梯队中排名第一。

4. 越是被打压，越要强调开放和全球化，全力建设生态。

面对美国连续五轮的无理打压，任正非一反常态，频繁会见记者，传递华为声音。

任正非在多个场合反复强调，不要因美国的一时打压而沮丧，永远不要放弃全球化的战略，也不赞成片面地提自主创新，"只有在那些非引领性、非前沿领域中，自力更生才是可能的；前沿领域的引领性尖端技术，是没有被人验证的，（我们）根本不知道努力的方向，没有全球共同的努力是不行的"。

任正非说，过去几百年来，西方科技像灯塔一样照亮了人类追赶的道路，其对人类文明进步的贡献值得华为尊重。华为今天已经积累到一定程度，也想在无人区点亮 5G 的灯塔，做出应有的贡献，回报世界的引导，让自己的光辉照亮大家共同前行。

但仅仅迈出第一步，才擦亮一根火柴，想点亮一座灯塔，就遭到了美国的连续打击。"开始我们还真以为是合规犯了什么错误，在自查自纠；接着第二棒、第三棒又打下来，一棒比一棒狠，才知道是要打死我们，并不是小羊在上游喝了什么水。"

在表明"宁可向前一步死，决不后退半步生"的态度后，任正非反而强调，美国仍然是世界的科技灯塔，华为仍然要向一切先进的人学习。在科学上要敢于大胆突破，敢于将鸿蒙推入竞争，鲲鹏和昇腾的生态发展与软件的开发决不停步。

为此，华为全力以赴地抓应用生态建设，像亚马逊一样建立大生态，"移动互联网应用、企业应用、政府应用、煤矿应用、机场应用、平安应用、GTS 应用、公司内部 IT 应用，都是我们生态发展的机会窗"。

不仅如此，面对 PCB（印制电路板）设计的 EDA（电子设计自动化）制裁、美国主导的芯片封锁，以及为维护国家信息安全的"去 IOE 化"（以 IBM、Oracle、EMC 为代表的小型机、集中式数据库和高端存储所组成的传统 IT 基础架构），华为都在默默地努力，并派出大批精英部队，协助一些科研企业攻关……"轻舟已过万重山"的背后，是"得道多助"。

5. "炸开金字塔"、重塑企业文化、激活组织。

2015 年前后，任正非就已经意识到时代变了，华为需要重塑企业文化、激活组织。

2016 年 7 月，在全国科技创新大会上，任正非坦言华为正在本行业逐步攻入"无人区"，处在无人领航、无既定规则、无人跟随的困境，华为跟着人跑的"机会主义"高速度，会逐步慢下来，创立引导理论的责任已经到来。

任正非认为，华为过去是一个封闭的人才金字塔结构，现在刚炸开金字塔尖，开放地吸取"宇宙"能量，需要加强与全世界科学家的对话与合作，支持同方向的科学家的研究，积极地参加到各种国际产业与标准组织中来，因为突破越来越复杂，跨界合作越来越重要。

这意味着华为组织边界要模糊化，专业边界也要模糊化，培育突破的土壤。但此后的一连串事件，如"华为云：听从你心，无问西东""寻找加西亚""胡玲事件""博士离职率居高不下"等，让任正非意识到，华为还要更加开放，要从连接走向"被集成"。

任正非说："时代证实了我们过去的战略是偏斜的，是不完全正确的，我们的能力很不符合现实生存与发展的需求。但是，我们有信心、有决心活下来。"

2021—2022年，华为先后组建成立了20个"军团"，覆盖了煤矿、智慧公路、海关和港口、智能光伏、数据中心能源、电力数字化、政务一网通、机场与轨道、互动媒体、运动健康、显示芯核、园区网络、广域网络、数据中心底座、数字站点、数字金融、站点能源、机器视觉、制造行业数字化系统和公共事业系统等行业。

任正非解释说，这是向谷歌学来的组织结构，目的是通过军团作战打破现有组织边界，快速集结资源，穿插作战，提升效率，做深做透一个领域，为华为多产"粮食"。

所谓军团，实际上是一个集成团队，包括需求管理、行业解决方案开发、生态合作、服务和销售等，每个团队只针对一个特定行业。它打破了常规的职能组织金字塔，一方面快速整合资源、识别关键业务场景；另一方面缩短管理链条，让研发和预研组织直接贴近一线场景，形成技术方案。

军团的定位包括战略攻关、战役攻坚和赋能代表处。战略攻关就是打造从0到1的解决方案；战役攻坚主要负责一些重点项目；赋能代表处则是直插到一线业务或作战单元，提供面向行业的作战能力。

与谷歌军团更偏向技术不同，华为军团更偏向市场，针对的是"一厘米宽、一公里深"的细分行业，且空间足够大，具有全球化的可复制性。其在组织层面也颇具创新，军团CEO被赋予了足够的指挥权，从事前审批走向事中及事后监控，团队不大但领导级别非常高，是真正的"少将连长"，"把指挥所建立在听得见炮声的地方"。

任正非的启示

"时代抛弃你的时候，连招呼都不打一声。"时代在不停地变化，你的思维方式是否也随着时代在前进？

工业时代对应的是匮乏，强调的是产权和契约，是规模和范围的经济。数字时代对应的是丰饶，人们追求的不仅是物质的富有，还有精神的满足。规模可能很重要，但是企业变化的速度更重要；产权和契约依然是基础，但口碑、信任的重要性也不遑多让。

开放、平等、协作、分享，更是成为基本的经营假设和商业伦理。

数字时代，技术创新的速度和普及速度前所未有地快，企业边界不断被打破和重构，企业的生存环境越来越复杂，企业的竞争也从单维度走向多维度。企业在工业时代做得很好，不代表在数字时代也能做好，不同的商业模式之间存在断点、突变和不连续性。

比如诺基亚，这个工业时代的王者，在面对数字时代的苹果时，完整经历了看不见、看不起、看不懂、跟不上的全过程，最后留下了那句著名的"我们并没有做错什么，但不知道为什么我们输了"。

时代变迁的背后，是信息的高速流动、社交媒体的普及和个体的崛起。在不确定的时代，更需要企业家有穿越迷雾的战略眼光、定力和格局，要求公司组织从刚性变为柔性、从有边界走向无边界。

因此，数字化不仅意味着技术革命，更是管理革命。时代对领导力提出了新的要求，领导力的改进也永无止境，最核心的就是要建立数字化思维。

这种思维既包括"自我批判"的危机感，又包括"开放、妥协、灰度"的变革意识，还要学会尊重技术、流程和数据，做好快与慢的动态平衡，以长期主义的精神推进数字化。

从市场的蛮荒时代，到成熟的工业时代，再到充满未知的数字时代，任正非都展现出了高超的领导力和娴熟的变革技巧，我们可以看出一些至关重要、引人深思的关键点。

1. 从"集成"到"被集成"，再到"Huawei Inside"。

华为的企业业务在开展之初，沿用了华为电信运营商业务的"直销＋集成"模式，后来被调整为"分销＋被集成"模式，"被集成"已经成为一种战略指导思想。

如今，根技术是华为的重点发力方向，具体可以分为操作系统（欧拉＋鸿蒙）、计算（鲲鹏＋昇腾）、联接（IPv6+、5.5G）三个层面，华为则坚定不移地执行"硬件开放、软件开源"的政策，与合作伙伴一起把软硬件生态做大。

随着"数字化"向"智能化"演进，在坚持"被集成"的基础上，华为企业业务的新定位是"Huawei Inside"，致力于打造数字中国的底座，成为数字世界的内核。

这种基因层面的革命，非常痛苦，内外质疑者甚众，典型如"华为造车"的路线之争。

2020年10月，为了进军智能车机市场，任正非签发决议："华为不造车，而是聚焦ICT（信息和通信技术），帮助车企造好车，决议有效期三年。"此后，华为建立起了与主机厂合作的三种模式：标准化零部件供应模式、HI（Huawei Inside）模式以及智选车模式。但业界对此半信半疑，上汽集团董事长陈虹曾公开表态："上汽很难接受一家供应商为我们提供整车的解决方案，这样一来，它成了灵魂，我们成了躯体。"

2023年3月，广汽集团也做出了同样选择，在AH8项目上把与华为的联合开发变更为自主开发，换句话说，就是把华为从HI模式降级为供应商模式。

此前不久，华为合作品牌"AITO问界"被更改为"HUAWEI问界"，这被认为是华为亲自下场造车，引发合作伙伴担忧，华为内部关于"造车"的路线之争几乎被摆上台面。华为轮值董事长徐直军直言不讳地指出，某些部门、个人和合作伙伴滥用了华为品牌。

3月底，任正非再次签发《关于华为不造车的决议》，强调"华为不造车"，不允许在整车宣传和外观上出现"华为"和"HUAWEI"标识，文件期限为5年。

2. 从"不信任"向"信任"转变，让华为"自组织""自进化"。

2018年初，华为发起了《纲要2.0》的公开讨论。同年7月，任正非改组了华为人力资源体系，成立了总干部部，并指出未来华为的人力资源体系将由人力资源部体系和总干部部体系两个系统组成，人力资源部管规则和监督，总干部部具体执行人的管理。

任正非认为现在的问题是人力资源管控过度，急需从权力中心变成服务中心，要深入战场，做好业务的助手，多一些适应业务的构想。2020年以后，面对一波波的美国制裁，任正非多次强调干部管理工作一定要对准贡献这个目标，在贡献面前人人平等，要求总干部部、人力资源部支撑公司队伍换血，"能者上、庸者下"，以去除平庸与怠惰。

军团，便是华为所作的组织创新，兼具"他组织"和"自组织"

的特点。

"他组织"是通过外部指令驱动形成,"自组织"则是按照某种默契规则,自发形成的有序结构。工业时代的企业多采用"他组织"形式,数字时代则有越来越多的企业拥抱"自组织"。

谷歌的军团,由博士、科学家、工程师和营销专家组成,一般五六十个人,他们的目标就是要做世界第一的产品,做不出来就不会退出这个群体。在军团中,研究和开发是不分家的,是"专家下沉一线"的"大型闭环组织",几乎覆盖了"从创意到货币"的全周期。

少数精英组队协同作战,不仅资源调配能力更强,而且沟通效率更高,攻坚克难更有保障。它极大地提升了谷歌的创新能力,让仅有2000人的谷歌碾压了3万人的微软。

华为的军团对标了谷歌的思路,将分散在不同部门的各类专家集结到某个专业领域,更关注自身商业模式的建立,属于华为"构建共生共赢的伙伴体系,服务好千行百业"的特种部队,比之前更灵活、更机动。

军团人员的选拔,要经过考试。军团的考核,更看重增长率,而非利润率。华为要求军团的增长率超过企业BG平均值,也会根据业绩表现和市场形势进行整合。军团人数少、级别高,内部流程简化,更强调事后监督而非事前审批,鼓励"自组织""自进化"。

这也是华为近年来一直推行的管理体系变革,要从"不信任"的管理走向"信任"管理。

3. 营造说真话的氛围,让一线信息直达指挥部。

所有屏蔽刺耳声音的组织,最终一定会付出惨重的代价。战场是最好的情报来源，优秀的将军必须深入一线，因为战场的现场感觉要远比成堆的抽象数据更有价值。

讲人话、讲真话，根除官僚习气，是华为上下共同的追求。

但组织迅速扩张时会稀释核心价值观，公司发展后也会出现"大公司病"。因此，任正非一直强调要"炸开金字塔"，坚持主官、主管必须"末位淘汰"，而且三级以上团队的学习心得，要自己实名贴到"心声社区"去，直接面对群众。

华为每年都会发"心声问题汇总"，鼓励每位员工批评内部管理问题。

任正非反复强调，心声社区是罗马广场，"对于不合理的人力资源政策，你该攻击就攻击，到心声上去呐喊，大家一起是有可能改天换地，打破官僚主义的"，"你们可以穿着马甲或实名去发言，公司高级领导都在读跟帖，有些批评公司的人还得到了机会。因为把存在的问题暴露出来，不等于否定"。

管理的最高境界，就是打造一种坦诚的组织文化。虽然很难，但华为一直在努力。

4. 坚持基本假设，用有效沟通和公平激励固化人的行为。

任正非说过，他自己没有做什么实质性的贡献，如果一定要说有贡献的话，就是华为在分钱的问题上没有犯大的错误。

华为管理层有两个对人的基本假设：一是人力资本大过财务资本；二是决不让"雷锋"吃亏，用制度培养而非道德激励。

无论在工业时代还是数字时代，这都是华为始终坚持的底层逻辑，而协同、奉献、合作，恰恰是数字时代和"自组织"最需要的。

我们该如何行动？

数字化是创造价值，不是创造概念。

数字化转型，归根结底就是要解决企业的两大问题：成本和效率。

华为数字化转型，有一个重要特征：它从一开始就不是单纯的IT项目，目标是公司的管理体系建设，是以业务需求为导向、流程与IT相结合的端到端的业务变革。

与此同时，组织不断进化，而进化的方向是共生。竞争不再是你死我活，而是互相依附，帮助别人成功。组织系统的效率，由工业时代的"看谁分工更细"，转变为数字时代的"看谁协同更好"。

这种协同，不仅发生在组织内，也发生在组织外，所以要打开企业边界，建立信任。不仅要有效地管理协同行为，更重要的是形成价值观、价值创造和分配体系的协同。

换句话说，要打造更大的利益共同体。过去30年，华为打造了一个独步海内外、无与伦比的员工利益共同体；未来30年，则要构建一个更大的、囊括产业上下游和利益相关者的命运共同体。

事实上，这也是当今公司治理的显学，即从股东利益最大化转向"相关利益者"理论。这种理论认为，现代公司是由各个利益平等的相关利益者组成，股东只是其中一员，因为股东并没有承担理论上的全部风险，供应商、客户、员工等也提供了专用性的投资（员工是人力投资），因此，公司是所有利益相关者之间的一系列多边契约，管理者是一组总契约的代理人，而不仅仅是股东的代理人。

相关利益者公司治理理论，正在逐步取代股东利益至上，因为它反映了社会与时代的需要，充满了生命力。第一章小结中提到的，美国 181 家顶级公司 CEO 共同签署的《公司的目的》的宣言，以及中国正在开展的"国家品牌引领行动"，都是这一历史潮流的体现。

剑桥中国管理研究中心联席主任、华为高级管理顾问田涛认为，信仰、信念、信心、信任"四信合一"（如图 10-1 所示），是奠基一个政党、一个民族、一支军队和一家企业的精神柱石。舍此，所谓战略战术的强大、资源和装备上的强大、人员在数量上的貌似强大、管理上的貌似优良，都是虚幻、不可持续的。

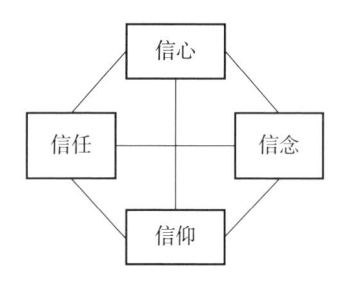

图 10-1　价值观领导模型

某种意义上，这也可以看成任正非领导力的进阶之路。

任正非以朴素的"海盗文化"为起点，因为"无知"，以及对市场经济和全球化的信心，带领华为走上了痛苦而辉煌的高科技之路；在实践中建立了对工具理性的信仰，通过系统学习西方先进管理制度，奠定了华为起飞的基础；兼容并包、内练外学，以知行合一的方式，不断吸收一切先进的科技、文化和制度，并融会贯通；一步一个脚印地赢得了员工、社会和国家的信任，吸引了数十万知识分子倾心追随，并以乐观的革命精神、广泛的统一战线和不断的自我变革，"用艰苦奋斗、英勇牺牲，打出一个未来 30 年的和平环境，让打胜仗的思想成为一种信仰！"

因此，不论你是初创公司还是行业龙头，是老板高管还是普通员工，都能从华为的不同阶段，从任正非的领导力进阶之路上学到自己想要的东西。如果你也正在为企业如何从工业时代走入数字时代烦心，那不妨认真学习华为在数字化转型实践中总结的 8 个原则。

（1）"一把手"担责。企业家的战略决心、信心和耐心，决定了数字化转型的上限。

（2）战略引领。要想构建面向未来的高质量竞争力，一定是通过战略引领数字化转型。

（3）业务重构。不做业务重构的数字化转型，都是装样子。

（4）转人磨芯。组织要在思想、意识上进行转变，提高员工参与变革的意愿和能力。

（5）眼高手低。既开阔视野，又重心向下。眼高是看长期愿景，手低则要一步步落实。

（6）清洁的数据。如果没有数据，就谈不上数字化转型。清洁的数据涉及数据治理。

（7）合适的技术。数字化转型，往往聚焦合适的技术，还需要共享平台增强业务互动。

（8）安全优先。所有数据都数字化并集中后，数据安全就是第一位的。

此外，To B 企业要像 To C 企业一样重视交易体验，提升交易质量和客户满意度。华为提出的衡量标准是 ROADS，即实时（Real-time）、按需（On-demand）、全在线（All-online）、自助（DIY）、社交（Social）。也就是说，客户可以随时购买，产品可以按需定制，交易过程中可以随时找到对应协作人进行社交沟通，而且客户可以通过 VR、AR 模型，相似推荐等技术，所见即所得地下单定制。

小结：威天下不以兵革之利

我们用了两章的篇幅，分析了任正非领导哲学模型中心的"争"字。

它经历了市场经济的蛮荒、工业时代的匮乏和数字时代的丰裕，连续却又截然不同。

将军决胜在战场，企业家竞争在商场，但都有一个特点："是故百战百胜，非善之善也；不战而屈人之兵，善之善者也。"

天时不如地利，地利不如人和。蛮荒时代斗的是气力，竞争凶悍朴实，但也遍地是黄金；工业时代求的是规模，增长是第一位的，比拼的是战略执行力，即使大树之下寸草不生也是成功；数字时代则需要有质量的增长、更开放的边界、更和谐的生态，即所谓"域民不以封疆之界，固国不以山溪之险，威天下不以兵革之利！"

2020年以来，华为将经营方针从追求规模调整为追求利润和现金流。一方面是直面美国的打压，突破技术和市场的种种封锁；另一方面是时代和竞争本身对组织的要求。而最新出炉的华为财报，则有力地说明了什么是"得道者多助，失道者寡助"。

这是中国"自助者天助"的古老哲学，也是华为"以客户为中心，以奋斗者为本，长期艰苦奋斗，坚持自我批判"的价值观的胜利。虽然前路依然艰险，但胜利的曙光已经显现。

老子在《道德经》中描述了"最佳领导"："太上，不知有之；其次，亲而誉之；其次，畏之；其次，侮之。信不足焉，有不信焉。悠兮，其贵言。功成事遂，百姓皆谓'我自然'。"

这应该是最早定义领导者和追随者关系的描述。最好的领导者，追随者不知道他的存在；稍次的领导者，追随者亲近他并且称赞他；再次的领导者，追随者畏惧他；更次的领导者，追随者轻蔑他。领导者诚信不足，追随者才不相信他。最佳领导者很少发号施令，事情办成功了，追随者说："我们本来就是这样的。"

任正非追求的是"无为而治"，早在20世纪90年代，他就在《由必然王国到自然王国》一文中写道："只有当一个企业的内、外发展规律真正被认识清楚，管理才能做到无为而治。"创办华为36年来，他一直殚精竭虑，筚路蓝缕，追寻并实践着这些规律，"无为而无不为"的背后，是为人有度，无欲则刚。

学习任正非领导哲学的我们，在老子的领导者模型中，又处于哪一层呢？

7

总结篇

HUAWEI

我炼故我在：商业思想家任正非

"一个人办一县事，要有一省之眼光；办一省事，要有一国之眼光；而办一国事，就要有世界的眼光。"中国近代实业家、政治家、教育家张謇，以清末状元的身份兴办实业，体现了中国传统士人"天下兴亡，匹夫有责"的担当、对"实业救国、教育救国"的践行。

张謇是中国最早的民营企业家楷模，一生创办了100多家企业，为中国近代民族工业的兴起做出了历史性贡献，堪称中国近代第一实业家。他也是近代中国史上伟大的失败英雄，独力开辟了无数新路，做了30年的开路先锋，养活了几百万人，造福于一方，影响及于全国，但他的企业最终在"百年激荡"的历史环境下，在西方、日本帝国主义的对华倾销中破产倒闭，他本人也于1926年郁郁而终。

50年后，一个下岗失业的中年知识分子任正非，在深圳创办了一家以"中华有为"命名的小公司华为。今天，华为已成为中国高科技产业的一张名片、中国民营企业的一面旗帜。如此相似又如此不同的是，中国正值"百年未有之大变局"，华为正处于中美贸易摩擦的最前沿。

与张謇不同，任正非在美国的多轮打压下，带领华为自强不息、越挫越勇，成为中国技术突围、产业升级的代表，并带动了产业链上下游共同进步。

伟大的企业家需要伟大的时代，伟大的时代缔造伟大的企业家。每一个时代的企业家，都有着自己的时代注脚，有着自己的时代使命。任正非就是中国改革开放后涌现的民营企业家代表，在时代的惊涛骇浪中展现了独特、卓越、令人惊叹的领导哲学。

正如序言所言，任正非的领导力哲学的核心，是一个"炼"字，"我炼故我在"。人生不是一场物质的盛宴，而是一场灵魂的修炼。种种挫折、重重磨难，只是为了"见自己，见天地，见众生"。正如任正非在华为首批军团成立时的呐喊："我们为自己也在为国家，为国舍命，日月同光，凤凰涅槃，人天共仰。"

这种使命感和责任感，是知识分子式的，是军人式的，也是中国传统文化式的。任正非的领导力，也因此呈现出一些重要而独特的特点。

1.在动荡的时代，做不动荡的自己。

任正非为什么能吸引数十万高学历、高智商的知识分子倾心追随？

任正非自己认为是"分钱基本没出错"，但在很多知识分子型的企业家看来却不是这样，比如新东方创始人俞敏洪在接受腾讯专访时，坦言任正非是他最欣赏的企业家，因为其"不嚣张，不夸张，有理性，实实在在地把钱投在了该投的地方"。

俞敏洪曾在亚布力论坛上言辞激烈地批评中国企业。在他看来，中国有些企业家干的是能捞一把就捞一把的事儿，中国的科技应用水平不低，但多数利用的是中国人的低级趣味，"包括阿里巴巴、拼多多、腾讯等，企业不争气也很让人难受"。

这一度引发了全社会的共鸣。早在 2020 年，《人民日报》就发表评论："别只惦记几捆白菜、几斤水果的流量，科技创新的星辰大海，其实更令人心潮澎湃。"而华为却已经攻到了本行业的"无人区"，被"卡脖子"，恰恰是因为他遥遥领先。

华为产品需要的工业水平，领先中国电子业整体太多。中国没有 28 纳米产线，需要依赖国外进口，而华为已在设计制造 7 纳米的通用处理器，竞标 5G 通信标准，设计 5G 通信基带……

万通董事长冯仑对任正非的印象是"大"。大个子、大格局、大视野，"我们做房地产那会儿，只盯着一块地、一件事，他说的是全世界的事"。

多年前，冯仑写了一本民营企业家草莽生长的书，任正非看了很感兴趣，就找他聊天。第一次见面，别的老板一般都是聊赚钱聊自己的成就，而任正非讲得很宽，喜欢谈一些辽远、空旷，或者说纵向垂直很深的事。

冯仑特别佩服的是任正非在面对美国打压时的表现。"美国这么折腾他，你看看他对美国科技公司和人员的评价，他有自己的是非标准，他的是非影响着别人的是非，但他不会跟着你的是非走。"

俞敏洪称之为"站在更高平台和维度上的冷峻"。任正非是温和而大气的，但也是从"九死一生"的创业道路上走过来的，身上有铁与火的气息。

在动荡的时代，做不动荡的自己。这种发自内心的坚定、自信，才是任正非能经历各种内外"熔炉"煎熬，成功驾驭风浪的根本原因。

2. 华为并不完美，但任正非足够真诚。

21世纪以来，真诚领导成为领导力领域的核心话题之一，但真诚的领导者并不是天生的，是天赋、成长、历练、坚持的"四位一体"，是终身修炼、终身学习的取经之旅。

领导者玩弄权术，会带来一个严重问题：一旦领导对下属使用权术，下属便不知道你的真实想法是什么，也就不敢跟你说实话，于是上上下下就会开始猜忌。一旦陷入猜忌之中，这个组织就要出问题了。

没有人能从一开始就看到结果，更没有人会一次性看清所有的过程和细节，但是，我们可以在行动中不断获取新的信息，从而调整自己的认知与策略。而权术，特别是在信息越来越透明、员工受教育程度越来越高的今天，只会让信息失真、认知失调。

真诚的领导者会由衷地希望能通过管理来为他人服务。相较于为自己谋求权力、金钱与名望，他们更愿意通过赋予下属权力为企业带来转机，任正非是一位中国企业界罕见的真诚领导者。

对于大多数人而言，在组织愿景、使命、价值观的背后，一定要包含具体的物质内涵，一定要让企业的员工能够切实看到自己真实的未来，一定要让所有的人都明白：他既是为组织的利益而战，也是为自己的切身利益而战。

领导者的一个任务，就是从一开始就为组织的每个成员找到一个可以全身心投入的理由，找到组织成员强大的自驱力。有了这样的理由，有了这样的自驱力，组织的成员就会不顾一切地付出。而任正非在这方面的所作所为，相当令人信服。更不要说，他是最善于用邮件、文章和讲话与员工沟通的企业家，肯说真话、画底线，在华为内部大力营造批评与自我批评的风气。真话也许残酷，却足够真诚。

另一个罕见之处就是，任正非总能跳出"成功者诅咒"和"CEO 癖"。

只要坐上领导位置，就会背负业绩的压力，大公司 CEO 更是要面对堆积如山的问题，背负着成千上万员工的生计和股东压力。没有业绩的下场是什么，CEO 比谁都清楚。

法律法规及公司必须遵从的道德标准，以及自己的核心价值观，像同心圆一样制约着 CEO 的决策，而业绩和成功的要求，会带着领导者一步步偏离核心价值观，而且人越成功，就越忍不住想走捷径，很少有人能够选择继续努力、负重前行。

任正非以"财散人聚"的大格局、"中华有为"的大气魄，辅以不断完善的股权设计、持续有效且强有力的沟通与交流，感染了数十万知识分子，也让越来越多的人愿意追随、帮助他。"以客户为中心，以奋斗者为本，长期艰苦奋斗，坚持自我批判"的精神，让华为总能绝境逢生，摆脱"成功者诅咒"。

毋庸讳言，华为并不完美，任正非也不是圣人。但华为正在一步步走向开放，以"不恋过去、不畏将来、活在当下、享受奋斗"的态度勇往直前，任正非也在创业过程中不断"君子豹变"。比如脾气，早年的任正非堪称火爆，动辄骂人，但现在变得越来越温和。

这种真诚，辅以"给银子、给位子、给面子"和"能者上、庸者下"的机制，才让华为把功利主义者、现实主义者、理想主义者这些五花八门、思想活跃的知识分子整合成一个整体，爆发出恐怖的战斗力和竞争力；才会有前员工"离开华为三年，我才真正认同狼性文化"；才会有在近乎"一企敌一国"的境地下爆发的惊人团结、举国支持。

3. 华为其实是一家价值观驱动的企业，功利主义背后有罕见的理想主义。

现代营销学奠基人、"市场营销之父"、美国西北大学凯洛格商学院终身教授菲利浦·科特勒，对营销学的演进有两种划分方式，一种是基于历史，另一种是基于逻辑的进化路径，即"从营销 1.0 到营销 5.0"。

营销 1.0，就是工业时代"以产品为中心"的营销，是解决企业如何实现更好的"交易"。

营销 2.0，是以消费者为导向的营销，需要企业诉诸情感与形象，占领消费者心智。

营销 3.0，是以价值观驱动的营销，它把消费者从企业"捕捉的猎物"还原成"丰富的人"，是以人为本，而不是以前简单的"目标人群"。此时，"交换"与"交易"被提升成"互动"与"共鸣"；营销的价值主张从"功能与情感的差异化"，深化成了"精神与价值观的响应"。

营销 4.0 的核心是数字化，它以大数据、社群、价值观营销为基础，通过连接，让消费者更多地参与到营销价值的创造中来。企业的营销中心转移到如何与消费者积极互动、尊重消费者的价值观方面来。

营销5.0，则是在数字化基础上更进一步的"数智化"。它以"类人技术"赋能企业增长，是在消费者代沟、贫富两极化和数字鸿沟三大社会问题的背景下出现的，是兼具营销3.0人文精神要素和营销4.0技术赋能的更进一步的营销框架。

业界公认，营销3.0标志着传统营销的顶点，它实现了在理性层面（营销1.0阶段）、情感层面（营销2.0阶段）和精神层面（营销3.0阶段）的全面搭建。同时，它上连工业时代"以产品为中心""以消费者为中心"的营销1.0和营销2.0，下接人文与科技共生的营销4.0、营销5.0，引领着"以人为本"的技术时代的到来。

现阶段的中国，是五种形态并存，但已经越来越清晰地看出"价值观决策"时代的到来。同时，营销4.0方兴未艾，营销5.0初露曙光。

任正非其实是"价值观决策"的先驱，而华为的品牌营销，简直就是对科特勒理论的现身说法、完美实践。

4. 任正非的领导力修炼之旅，兼容并包，融汇了古今中外，但核心是中国式的。

任正非是共产党员，其领导力中有着传统学术理论少见的革命精神，这个内核是完全中国式的。因此，我们将任正非的领导哲学总结为20个字：执两用中、蓄气追光、守信应变、内练外学、亮剑共生。

这个"两"，指的是东方与西方。这个"中"有两层意思：对于华为来说,"中"是不偏不倚的拿来主义,不论东方西方都一视同仁;对于任正非而言,则是指其内核更接近中国传统的"士"的精神。

正如毛主席所说:"以斗争求和平则和平存,以妥协求和平则和平亡。"亮剑是共生的保障,共生是亮剑的目的。惊涛骇浪的时代刚刚开始,华为的转型也还在路上。

当然,华为还有很多缺点,内外也有不少问题。

比如,英雄主义的消减,官僚主义的增长,以及人们更注重工作与生活的平衡。"呼唤加西亚""博士离职率高"等,都说明了这一点,"狼性""奋斗者"在新的时代需要有新内涵。

再比如,华为的股权架构、轮值董事长实验等,都是世界管理史上少有的理论和实践创新,但是否能够经历时间的考验,现在判断仍为时过早。这种架构要求平衡好增长,要经得住诱惑,要舍得在关键战略机会点上压强投入,要能在文化和价值观、战略与执行力方面起到"定海神针"的作用。

············

至此,我们已经全景式地展现:任正非从自己的价值观出发,通过创立组织、引领文化和构建制度,成功让自己的价值观沉淀为华为的企业文化,进而吸引了数以万计的知识分子倾心追随,最终让华为在激烈的市场竞争中穿越周期、一骑绝尘。

"天下皆知取之为取,而莫知与之为取",这是古老的中国智慧。在《公司的概念》中,德鲁克也反复告诫我们:利润是企业履行其社会责任的结果,是经营效率的衡量,而非企业的使命。任正非所创造的商业奇迹,知易、行难。

12年一个轮回,华为已经创办36年了。从市场经济的蛮荒时代,到规模优先的工业时代,再到颠覆式创新的数字时代,任正非像一位高明的船长,驾驭着华为在风浪中成长,并在这一过程中不断地修炼、提升着自己和华为干部、员工的领导力,并将自己和华为的影响力扩张至产业链上下游和千行百业,乃至全社会、全中国和整个世界。

这36年,同样也是中国从贫穷走向富强,从融入美国主导的世界政治经济体系,到中国倡导新型国际关系、构建人类命运共同体的历史转型期,当前更是"百年未有之大变局"。华为躬逢其会,在历史潮流中成为中国高科技民营企业最闪亮的一面旗帜,不但在科技领域攻入了本行业的"无人区",在管理领域也进入了"无人区"。

最典型的是独一无二的"全员持股"体制,并由此延伸出来的EMT、轮值董事长、战略组织体系(战略决策委员会、战略研究院、公司战略部)等。因为所处的是高风险的高科技行业,因为担负着数十万知识分子真金白银的投入和信任,因为背后是庞大的上下游产业链和无数个家庭,所以更要注意战略不能出错,更要防止组织僵化、执行走样。

历史上,很少有企业和企业家能逃过时代的洗礼。福特发明了T型流水线,给工人高薪,从而奠定了中产阶级的雏形,但也因为保守和僵化,只愿做黑色的汽车,最终被通用和丰田先后超越;沃森父子一手创造了IBM的企业文化,但到郭士纳上任时已近乎荡然无存;盛田昭夫让索尼成为家喻户晓的世界级品牌,但仅仅60年,索尼前常务董事天外伺朗就伤感地感叹"绩效主义毁了索尼"。

众所周知,领导力是领导者在特定的情境中吸引和影响追随者与利益相关者,并持续实现群体和组织目标的能力。但如果情境变了,有多少人还能随时应变，摆脱过去成功经验的束缚呢？当前是"百年未有之大变局"，华为也从追赶者变成引领者，"下一个倒下的会不会是华为？""华为的红旗还能打多久？"依然穿越时空、历久弥新。

应该说，任正非看到了这一点，也难掩内心的焦虑。2022年6月，在与专家委员会秘书处的座谈会上，任正非特别强调："华为战略不能由少数人来决定，不能由少数人来设计未来，也不因少数人的批判而改变方向。"

因此，他决定撤销以业务导向为主的战略部。"撤销公司战略部，就是不再以规划为主，规划就是少数人设计未来"，"有人说，没有战略怎么行呢？替代方法就是网络平台上的全体科学家和专家的交流对撞，秘书处负责引导，归纳，再点火，再归纳。成千上万人的智慧，给公司未来做战略输入"，"网络上披上马甲，天然就没有部门墙，土围子就矮了；干部流动一代新人换旧人，土围子又矮了。再吸引外部的科学家进来畅所欲言，华为就越来越开放、进步"。

总体来说，类似于原本核心权力机构有两个智囊团，现在要撤销一个纯业务口的，扩大另一个纯技术口的参谋范围，并且用一个秘书处来做格式和形式上的引导、规范。这与华为军团组织的成立相辅相成，本质上是华为在管理"无人区"的尝试和探索。

"官僚像国企，效率（剥削）像私企，管理像外企"，这是外界对华为的一个经典评价。华为的很多现代管理模式，本质上是欧美企业管理理论的华为化。以前华为都是为了"追逐"而生，事实上并没有开启过一个时代，或者产生世界级的商业模式。

如果专注运营商的华为是"创业 1.0"，四大 BG 并立的华为是"创业 2.0"，那么任正非以"老骥伏枥，志在千里，烈士暮年，壮心不已"的魄力拉开的新一轮管理变革，就是华为的"创业 3.0"时代。

但任正非已经 78 岁了，华为的接班问题已经迫在眉睫。

全员持股、轮值董事长的机制，是否真能保证华为长治久安？

新模式、新方向的探索，是不得已的多面出击，还是八爪鱼式的顺势而为？

未来是否有人能像任正非这样拥有巨大的变革勇气、一呼百应的号召力？

"太上立德，其次立功，其次立言，虽久不废，此之谓不朽。"无论未来怎样，任正非已经是公认的当前中国最优秀的企业家、世界级的领导者，甚至可以被称为"商业思想家"，并在实践中探索出一种完全不同于现有理论的公司治理体制。

虽然这种基于时代特色的设计难以复制，但其所体现的思想价值和实践却值得深入学习、反复揣摩。一花独放不是春，百花齐放春满园，学习任正非领导哲学，是为了复制一个个小任正非，像华为当年学习 IBM 那样"青出于蓝而胜于蓝"。

毕竟，"中华有为"需要更多的"华为"，人民幸福需要产业升级，创造更多的工作岗位。

代后记 ▶

山的那一边

"每个人都会经历这个阶段：看见一座山，就想知道山后面是什么。我很想告诉他，可能翻过去山后面，你会发觉没有什么特别，回头看会觉得这边更好。但是他不会相信，以他的性格，自己不试试是不会甘心的。"

王家卫的经典电影《东邪西毒》，借金庸武侠讲述了一个现代人生活困境的故事。这段欧阳锋对洪七的评价，让无数知识分子感同身受、心有戚戚。

华为人感触尤深。华为从发展到壮大，从攻城略地、所向披靡再到走进科技和管理的"无人区"，每翻过一座山都要经历苦与痛、血与火的洗礼。而翻过山之后，所看到的往往并不是一马平川，反而是更高的山。

1. 华为里，华为外

压抑的欧阳锋，选择了留在原地。而他最羡慕的，却是那个洒脱的洪七："谁说不能带老婆闯荡江湖的？"

华为的成功，有很多因素，但光鲜背后有一个默默付出的群体总是被有意无意地忽视——华为家属。华为里，先生/爱人是员工，是奋斗者，是战士；华为外，先生/爱人是丈夫/妻子，是爸爸/妈妈，是儿子/女儿。

提枪跨马上战场的背后，总有人在默默地保障家庭创和谐。从"农村包围城市"到"雄赳赳，气昂昂，跨过太平洋"，总有两地分居或家属随军的生活方式。华为的家属们，最了解华为的功利、狼性、铁血和现实主义，也最懂得华为的不易、曲折、坚韧和理想主义。

我曾是这个群体的一员，爱人亲身经历了从港湾到华为的工作历程，2006年因过劳猝死的"胡新宇事件"就发生在同部门；我也是通信专业出身，也曾在世界级企业做过研发工作，看到过很多朋友、同学被派往海外或是两地分居（异地任职原则）；我后来做传媒工作，也曾跟踪、报道过华为，与华为不同层级的干部、员工都打过交道。

目睹和体验过华为的野蛮生长、超强执行力和恐怖竞争力；见证了"狼性文化""艰苦奋斗"从华为逐渐蔓延到IT业、互联网业乃至整个中国企业界，直至被"异化""抽空"成"996福报""35岁现象"和"工程师红利"；观察着华为一步步跌跌撞撞，从拼命奔跑到追随学习再到"无人引领"、五轮封杀……

阳光背后总有阴影，"官僚像国企，剥削像私企，管理像外企"也绝不只是一句调侃。但无论是离开的还是留下的，在华为里还是华为外，员工、家属和社会普遍的一个共识是："华为这样的企业太少了，中国多几个华为，就有希望了！"

星光不负赶路人，这就是任正非的精诚所至，这就是华为的实至名归。

但仅仅这样就够了吗？

2. 山的那一边

世界著名军事理论家、与克劳塞维茨齐名的现代战略大师李德哈特，有一本名为《山的那一边》的著作。这个名字来源于军事史上的一件轶事：克罗齐和威灵顿公爵在旅途中，通过猜测每座山那一边的地形来消磨时间，威灵顿屡猜屡中，克罗齐大感惊讶。公爵答道："你知道为什么吗？为了猜测山那边的情况，我付出了一生的精力。"

威灵顿公爵后来以滑铁卢战役力挫拿破仑而名垂千古，"山的那一边"后来也被引申到军事领域，指推理敌方和对手的心理究竟发生了什么，也成了情报功能的代名词。

"友商"这个词，我印象中是华为发明的，且诞生在同行竞争最激烈的20世纪90年代。华为"土狼""薇甘菊""黑寡妇"的负面印象，也是在这个时期形成并在后续加以强化。这其实就是企业界的"山的那一边"，而它正在发生巨变。

如果说，高薪和股票分红，是安抚华为家属"为小家打拼"的安心；"友商"这个词在很长一段时间，都兼有尊重、调侃甚至讽刺的意味在内，颇有"老乡见老乡，背后开一枪"之感。

但早在21世纪10年代，竞争已被竞合取代，"你中有我，我中有你"已是企业常态，比如小米和华为在手机领域竞争，但小米很有可能是华为海思芯片的大客户。如今，"大树底下寸草不生"的独孤求败早已成为历史，跨界共生才是潮流和趋势。

任正非提出"不做黑寡妇""深耕黑土地""增强土地肥力"，要与各行各业共生，"在黑土地上长满花花草草"，但刚刚发生的"造车风波"，彰显了各界对华为的戒心。

共生的理念，几家肯信？几家真信？

3. 山那边是海

数字时代的到来，一方面让信息流动加速，并在社交网络的驱动下让更多个体崛起；另一方面也让平台垄断、赢者通吃和数字鸿沟的问题日趋严重。不仅如此，曾经风靡一时的"涓流经济学""里根经济学"已在实践中破产，一旦经济活动从某个部门甚至单个企业发起，最终会通过涓流效应，使经济整体乃至全社会利益均沾的理论（给予上层人的利益会传递给较低阶层人）被证明了是海市蜃楼，只会造成政治分野和社会分裂。

党的十九大报告明确指出，社会主要矛盾已经转化为人民日益增长的美好生活需要和不平衡不充分的发展之间的矛盾。中国实现了从站起来、富起来到强起来的历史性飞跃，当前处于初级阶段与现代化的衔接过渡期，处于走出初级阶段的酝酿加速期。

华为就像翻山的少年，在一次次的翻越中寻找全新的世界，但现在走到了海边。过去翻山的成功经验，不一定适应入海。华为的员工，基本可以算得上小康、中产甚至"先富起来的人"，有着丰富多维的需求层次。正如肯里克模型取代马斯洛模型——现实中，人们的需求顺序不是一成不变的，每个人会随着情境的变化而变动。

不是给文明以岁月，而是给岁月以文明，不是让自己活80年，而是给这80年一个鲜活的自己。这是任正非点名"呼唤加西亚"，而孔令贤依然选择"不追求事业，平衡好生活"的理由；也是华为高得离谱的博士离职率背后，所隐藏的自尊和有关部门的傲慢。

"艰苦奋斗"在新的历史时期需要有新的内涵，从"不信任"到

"信任"的管理基本假设变革，依然任重道远。《鬼谷子》有言：察势者明，趋势者智，驭势者独步天下。

华为，会是新时代的驭势者吗？

4. 海到无边天作岸

在福建马尾罗星公园内刻着一幅名联：海到无边天作岸，山登绝顶我为峰。这是民族英雄、政治家林则徐少年时所作。这里曾见证中法马尾海战，在法国已经宣布将对福州港口发动攻击，并千里迢迢把军舰开到家门口后，清廷的反应居然是派人去犒劳款待法军，并对福建水师下达了"不准先行开炮，违者虽胜也斩……彼若不动，我亦不发"的荒唐政令。

福建水师因此全军覆没。中法战争中国虽然取得了"镇南关大捷"，致使法国内阁垮台，但最终以签订《中法新约》、法国逐渐取代中国获得在越南的宗主权而告终，史称"中国不败而败，法国不胜而胜"。

将军决胜岂止在战场？华为直面的美国打压，不过是"百年未有之大变局"具体而微的典型体现。虽然局势波谲云诡，虽然外界压力与日俱增，但"吾恐季孙之忧，不在颛臾，而在萧墙之内也"，内忧才是关键，外因从来都是通过内因起作用的。

林则徐以山一样的勇气、海一样的格局，主导了虎门销烟，成为中国"睁眼看世界"的第一人。任正非以 78 岁的高龄，在经历了五轮封杀、爱女被困等一系列常人难以忍受的压力与磨难后，以堂吉诃德式的激情和勇气，吹响了华为弄潮数字时代的号角。

"增加土壤肥力"、组建军团、从"不信任"转向"信任"、"走进无人区"、"炸开金字塔"、"人力资源转向服务"、"解散战略部"、"蛭形轮虫的启示"……任正非的前瞻、焦虑和进取，在这一篇篇讲话、一份份文件、一场场调整中显现无遗。

越是打压，越是要坚持开放；越是动荡，越是要坚持开放；越是变革，越是要坚持开放。"这种无生命的管理，只会随时间的推移越来越有水平。一代一代人死去，而无生命的管理在一代一代优化中越来越成熟。"正如任正非在2011年的名篇《一江春水向东流》的结尾："千古兴亡多少事，一江春水向东流，流过太平洋，流过印度洋……不回头。"

"自古风云多变幻，不以成败论英雄"。华为的股权设计、管理实践、轮值董事长制度，都是世界管理史上前所未有的创举，而当前的华为"创业3.0"，也是开先河的管理"无人区"，是从员工利益共同体进化到相关利益者共同体，是从"不信任"体系转向"信任"体系，是从金字塔架构转向网状结构，是从硬件制造商转向软件服务商……

"老骥伏枥，志在千里，烈士暮年，壮心不已。"上述每一个挑战的难度都是世界级的，相比之下美国的打压都不算什么，而任正非就是迎难而上，华为人就是敢打硬仗！

5. 写在最后

还是那句话，华为并不完美，但它是独特的、优秀的、自我进化的，它的成功与失败，都是中国企业发展史上的宝贵经验。而它走过的路，也正是成长中的中国企业未来将遇到的，无论它们是国企、民企还是合资企业，无论它们是初创、成长、发展还是千亿巨头。

让我们祝福华为，祝福任正非，祝福默默付出的华为家属，也祝福每一个努力拼搏的中国企业。

最后，请允许我借此机会向本书成稿过程中提供帮助的各界人士致以衷心的感谢。

感谢曾教我领导力课程的老师，清华大学副校长、教务长杨斌教授，是您带我迈入领导力研究的大门；感谢前IBM（中国）运营战略首席顾问、润泽园创始人白立新老师，是您教导我战略和价值观的重要性；感谢前老板、名创优品创始人叶国富先生，是您给了我亲手制定战略、梳理文化、构建制度的机会，从而让我从实践层面更深刻地理解华为并举一反三；感谢前领导刘东华、牛文文、李岷，为我提供了对接各大智库，以及专访领导力大师约翰·麦克斯韦尔的机会；感谢张洁、小磊、小谈等挚友，以华为人内部视角跟我分享的知识与信息。没有这些师长的指引和朋友的帮助，我是完不成这本书的。

特别感谢相交近20年的挚友，著名财经作家、华为研究专家程东升先生，中国经济出版社的崔姜薇、贾轶杰两位编辑，以及在此期间给我鼓励和指点的成美战略咨询创始人耿一诚老师、资和信集团董事长王吉绯老师、君智百亿战略创始人谢伟山先生。没有你们的指点鼓励和包容支持，我很难在十年未动笔的情况下再次进入文化出版行业。

本书写作过程中，参考了田涛、邓斌、彭剑锋、黄卫伟、卓雄华、宫玉振等华为研究专家的诸多公开成果，在此一并致谢，期待未来能有机会当面拜访、探讨和学习。

学习华为系列课程

让华为精神为企事业单位赋能，打造卓越团队

走进华为亲身体验、置身华为实地考察、权威专家深入剖析、学习华为管理真经

- 课程内容

深度了解华为发展历程：30多年来，华为经历了多个阶段，面临了不同的挑战，逐步经历从小到大、从本土到国际化，从不规范到规范、从规范到科学的过程。

实地参观华为现场：参观华为松山湖基地，了解华为工作环境，体验华为工作餐，全方位深刻认识这家世界500强企业。

洞悉任正非商业哲学：任正非并非神，而是从一个普通人成长起来的，他卓越的管理思想是如何形成的，到底如何引导华为稳健成长？

- 授课形式

通过线上线下的系列课程、走访华为等优秀企业，深入到企业辅导，引进华为前高管改组、提升原有团队等方式，提供切实可行的服务，让企业在观念上改变，在组织上改进，在执行上落地，在绩效上出彩，进而从优秀走向卓越，成为行业冠军。

- 课程特点

精于实操：采用行动学习、场景化学习、启发式互动教学，突出实用技巧和方法，案例分析，分组讨论与练习，有针对性的实战训练。

激发学习主动性：结合受训企业实际实施教学，达到预期培训效果。

寓教于乐：授课幽默风趣，逻辑严谨，内容丰富，深入浅出，立足实战，深受学员欢迎。

- 学习对象

企业创始人、企业高级经营决策者、华为研究爱好者等

- 行程安排

时间	内容	备注
8:10-10:30	驱车前往华为松山湖基地	车上交流、巴士课堂
11:00-11:30	乘坐电瓶车参观华为东莞松山湖欧洲小镇	华为专业接待人员
11:30-11:50	乘坐园区小火车，体验华为人上班路	华为专业接待人员
12:00-14:00	华为内部餐厅用餐，体验华为人的生活	
14:00-16:00	华为课程，深入了解华为文化与任正非的商业哲学	华为前高管、华为研究专家

注：因华为接待工作繁重，以上行程可能因华为接待原因调整。

立即添加以下任意一个微信为好友进群，抽取免费参访华为名额：

24小时服务热线（微信）：15013869070　18122490069

图书策划出版服务

2003年,我们策划出版了第一本有关华为的图书《华为真相》,该书成为2004年度的畅销书,热销100万册。

此后,我们先后策划出版了《华为经营管理慧》《任正非谈国际化经营》《任正非管理日志》《只有一个华为》《华为三十年》等26种华为题材的书。今后,我们每年都会出版几种华为题材的图书。

我们受百度公司邀请,创作记录百度成长历程的图书,出版了《李彦宏的百度世界》《李彦宏管理日志》等。2022年,我们还受有中国广告第一股之称的广东省广告公司(省广股份)的邀请,创作出版了《共生飘红》。

我们有专业的内容策划、写作、出版、发行、推广团队,提供从图书策划、采访、写作、编辑、排版、设计、出版、发行、推广一条龙服务。我们已经服务近百家著名企业,得到客户的广泛好评,期待为您服务。

立即预约:

24小时服务热线(微信):15013869070 18122490069